幼儿家庭教育惑与解

——连线《指南》话家教

邹慧敏　主编

海峡出版发行集团
THE STRAITS PUBLISHING & DISTRIBUTING GROUP
福建人民出版社
FUJIAN PEOPLE'S PUBLISHING HOUSE

本书编写组

顾问： 颜晓燕

主编： 邹慧敏

编委： 郑玉华　刘雪芬　庄婉瑜　郑晓云

绘图： 董秋萍　刘晓莉　林嘉蕙

序

自从人类社会出现家庭以来，家庭教育就成为人们永恒的话题，在漫长的历史长河中人类积累了丰富的家庭教育理论和实践经验。

几千年来，中华民族素有重视家庭教育的优良传统，然而在跨入新世纪的今天，处在迅速变革中的中国，亿万家长却面临着诸多的新问题，产生了一个个难解的困惑，出现了许许多多的误区。家庭教育面临的严酷现实，唤起了全社会的关注，也引起了越来越多的教育界人士和家长，直至国家高层领导的重视。大家呼吁必须对家庭教育进行改革与创新，顺应时代前进的步伐，给孩子创造一个良好的成长环境，以更快更好地实现家庭幸福梦、国家富强梦。

孩子的成长必须经过家庭教育、学校教育和社会教育三个方面，缺一不可。它们各有其特殊的作用，不可互相替代。家庭教育是“人之初”的教育，学校（幼儿园）教育是基础教育，社会教育是实施教育的大环境。幼儿教育是一项极为复杂的系统工程，既不是幼儿园单方面能够承担的，也不是家庭或社会方面能够完成的，必须三个方面的通力合作，充分发挥整体的教育功能。

幼儿园与家庭合作教育幼儿是实施幼儿园法规的需要。教育部于2012年10月颁布了《3～6儿童学习与发展指南》（以下简称《指南》）等一系列政策与法规，明确表述了幼儿的成长和教育是家庭、教师、保育人员和社区的共同责任，幼儿园应主动与幼儿家庭配合，帮助家长创设良好的家庭教育环境，向家长宣传科学保育、教育幼儿的知识，共同担负教育幼儿的任务。

泉州幼师附属幼儿园在邹慧敏园长的带领下，多年来，全体保教人员共同努力，在教育实践中不断探索如何将当代幼儿教育的理念和教育知识、技能，通过幼儿园、教师传递给家长，以提高家长的教育素质，促进幼儿快乐健康地成长。附幼的全体保教人员充分认识到自身的角色定位，扮演着各种角色，她们不仅仅是政府教育法规与政策的执行者、传播者，还是幼儿与家长心声的倾听者、幼儿与家长意见的采纳者、需求的实现者，也是幼儿家庭教育的指导者，更是幼儿家长施教的合作者和评价者。教师与家长之间建立了平等关系，把家长当作合作伙伴，共同构筑家园共育的新模式。

笔者涉足家庭教育领域已有三十多年，读过许多家庭教育方面的书籍，而《幼儿家庭教育惑与解——连线〈指南〉话家教》一书让我深受启发，其中感受最深的有三个方面。

1. 结构独特、体系新颖。全书以连线《指南》为基点，分为“家长困惑”“家教剪影”“连线《指南》”“专家支招”四大栏目，力求上连下接，将当前幼儿园教育理念融入家庭教育，引导家长树立“家长是影响儿童生命的关键人物”的观念，认识自身的教育职责，充满了时代的气息。

2. 内容全面、突出难点。全书31个问题是从根据《指南》设计的家长调查问卷中精选出来的，涵盖幼儿家庭教育的方方面面，渗透着幼儿学习与发展的健康、语言、社会、科学、艺术等各个领域。抓住焦点、难点问题进行分析，使幼儿教师与幼儿、家长直面对接，反映了家庭教育的变革与创新，体现“接地气”的理念，更有针对性地帮助家长排忧解难，显现出创造性的特色。

3. 方法多样、易学易懂。本书采取专家支招的方式，指导家长学会与孩子沟通，建立互动的亲子关系、朋友关系。要求家长对待孩子既要尊重孩子人格和合法权利，又要坚持严格要求，动之以情、导之以行、深入浅出地进行教育。文字朴实，通俗易懂，为家长提供了多种切实可行的操作技巧与教育方式，提高了教育效果，具有可操作性强的特点。

虽然，附幼的老师们在家园共育的研究中取得了可喜的成果，为广大家长、幼儿教师提供了一本很好的家庭教育教材。但家园合作共育的课题还需继续探索，需要不断发掘与扩张。祝愿老师、家长在求索的道路上取得更丰硕的成果，为推进家庭教育事业的发展做出更大的贡献。

林少玉

2014年12月于福建师范大学

前　　言

2012年10月9日，教育部颁布了《3～6岁儿童学习与发展指南》（以下简称《指南》）。《指南》提出了对不同年龄幼儿的合理期望和教育建议，且针对“尊重儿童”“家园共育”的核心问题，明确了实施科学保教的具体策略。在学习宣传、贯彻落实《指南》的背景下，《幼儿家庭教育惑与解——连线〈指南〉话家教》一书出版了，这既是我园落实《指南》的具体行动，也是我们作为幼教工作者献给家长和孩子们的一份礼物。

本书秉持“伴随孩子成长、服务家长需要”的理念，以贯彻落实《指南》精神为指导，以针对性、实用性与可操作性为编写原则，以家长在家庭教育中遇到的最棘手的、带有一定普遍意义的热点问题为焦点；通过案例问答式的形式，借助“家长困惑”“镜头回放”“连线《指南》”“专家支招”等栏目，针对幼儿学习、生活、教育、交往等广大家长普遍困惑的31个问题，一一进行了答疑解惑，帮助家长了解幼儿的学习和发展特点，理解幼儿的认知特征和学习方式，引导家长在观念的冲突中自主选择更有利于幼儿终身发展、全面发展的教育方式，对家长形成正确的家庭教育观念和符合《指南》精神的教育行为具有较强的现实指导意义。

在本书的编著过程中，泉州幼师附幼的全体家长积极响应，立足于自己的育儿经验提出了疑惑、问题；福建省“贯彻落实《指南》指导组”专家吴荔红教授、颜晓燕教授、张慧萍老师及泉州幼师附幼“落实《指南》领导小组”的全体成员对本书的体例设计提出了建设性的意见；颜晓燕教授、郑玉华副园长参与了部分稿件的一稿修改。在此一并表示衷心的感谢！同时要衷心感谢参与编写的教师对家长问题的精彩支招，感谢所有在本书编写和出版过程中提供帮助的人们。

由于编写水平有限，本书难免有错误、疏漏和不当之处，敬请广大家长和读者批评指正。

泉州幼师附幼园长　邹慧敏

2015年元月于泉州幼师附幼

目　　录

★生活篇

★学习篇

★交往篇

★教育篇

生活篇

孩子的作息习惯不规律怎么办？

家长困惑

良好的作息习惯是身体健康的保证。越来越多的家长意识到习惯养成教育的重要性，可是让有些家长感到困惑的是，无论他们怎样要求孩子，孩子也很难养成午休的习惯，一到周末或是假期，更是该睡时睡不着、该起床时起不来。家长对此束手无策。

家教剪影

达达是一个聪明、活泼、敢于表现自己的男孩子，在每天的活动中，总是显得很快乐、很自信、很活跃。但是每到午睡时，无论怎么哄他，他就是睡不着，总能看见他的小手小脚在动。别人睡觉他不睡，可是下午的精神却很好。如果达达玩累了，睡个十几分钟就算不错了。达达的脸色一直不怎么好看，个子也不高。

通过和达达妈妈的沟通，我们了解到达达从小就不喜欢睡觉，而且在家从来不午睡，家长也没有给他过多的要求。达达晚上睡觉也很迟，早上起得又早，所以脸色不好看，个子也不高。

达达在家与在园的生活作息存在着相当大的“时间差”，不规律的作息让他在初入园时表现出极大的不适应性。通过和家长沟通，家长愿意和我们一起督促孩子，并培养孩子良好的午睡习惯。通过和家长的共同努力，达达逐渐养成了午睡习惯，脸色渐渐好看了，饭吃得多了，也胖了。

连线《指南》

《3～6岁儿童学习与发展指南》(全书以下简称《指南》)在“具有良好的生活与卫生习惯”目标中，分解出不同年龄阶段的培养目标。其中3～4岁的幼儿要在成人提醒下“按时睡觉和起床，并能坚持午睡”；4～5岁的幼儿要懂得“每天按时睡觉和起床，并能坚持午睡”；5～6岁的幼儿要“养成每天按时睡觉和起床的习惯”。

幼儿期是良好生活作息习惯形成的关键期。在这个阶段，幼儿极易接受外界刺激，而且形成的生活习惯是非常牢固的，并将成为人的第二天性。俗话说：“五岁成习，六十亦然。”这句话虽有点夸张，但也说明了这一时期一旦养成良好的生活习惯，确实能让幼儿终身受益。

专家支招

午睡对孩子来说很重要，可以舒缓疲劳，不仅可以让大脑得到休息，还可以使身体各个部分的肌肉得到休息，所以一定要养成良好的午睡习惯。但午睡时间不宜过长，以免影响夜间的睡眠。

著名的生理学家巴甫洛夫说过，各种各样的习惯都是一种连锁条件反射系统。可见要养成任何一种习惯，就必须持之以恒，按一定的要求坚持着去做，从而使这种行为逐步形成条件反射，成为自觉遵循的行为。要养成孩子良好的生活习惯，就要坚持按一定的作息时间去做。

开始时，教师和家长要相互配合，经常提醒、督促孩子遵守约定好的作息时间，切不可以“特殊情况”为理由，随便打乱规定的作息时间。比如，本来安排孩子晚上8点半睡觉，因为有好看的电视节目或其他事情，就同意孩子看完电视或做完事情以后再去睡；本来规定孩子早晨6点半起床，因为家长有别的事情就让孩子迟点起床……这样孩子就很难养成良好的作息习惯。建议家长逐渐培养孩子的时间观念，把时间限度告诉他，引导孩子自己学会安排。例如可以给孩子这样的提示“你的好朋友还有20分钟到”“离电影开演还有半小时”等。坚持用精确的时间提示孩子，坚持一段时间，孩子就会有进步。

1. 家长应做好孩子的睡前准备工作

第一，早早地做好睡前准备工作。家长要在每天晚上的 8 点左右就让孩子做好睡觉前的一些准备工作，比如洗脸、刷牙、洗脚等，还要让孩子把第二天要穿的衣服准备好，放在床头，然后准时上床睡觉。睡前可以让孩子听听轻音乐，或者带孩子到阳台去呼吸一下新鲜空气，或者引导孩子静坐一会儿，身心放松，以便让孩子更好地进入睡眠状态。

第二，睡前不要刺激孩子的情绪。家长在孩子睡前要减少对孩子大脑的刺激，不要让孩子睡前看电视，也不提倡孩子睡前看书，更不要在睡前打骂、训斥孩子，这些都会刺激孩子，使孩子久久无法平静下来。家长一定要记住，人的生长激素分泌最旺盛的时间是每天晚上的 11 点至半夜，超过这个时间睡觉，就算白天再怎么补觉，也会影响孩子的身心健康。因为这已经对孩子的健康产生了负面影响，所以最迟一定要让孩子在 10 点半之前上床睡觉。

第三，注意睡前饮食调节。在孩子睡觉前的一个小时之内，不要让孩子吃东西，也不要给孩子喝浓茶、咖啡之类提神的饮料。巧克力之类的零食也不要让孩子在睡前食用。孩子口渴了，就给他喝点白开水。吃晚饭时，也不要让孩子吃得太饱。

第四，为孩子营造良好的睡眠环境。家长要为孩子提供一个舒适安静的环境，床铺要符合孩子的要求。不要让孩子养成亮着灯睡觉的习惯。家长要培养孩子按时上床、上床即可入睡的好习惯。孩子如果不会好好休息，就不会好好学习，因此，家长要尽量给孩子创造一个平安、宁静、温馨和舒适的入睡环境。

2. 家长应正确引导，以身作则

家长要给孩子讲解养成良好作息习惯的重要性，让孩子知道这种良好的习惯是目前身体成长的需求，从而减少孩子的抵触心理。家长也要以身作则。比如要求孩子不能超时看电视，自己却看得很晚，这样会让孩子觉得不平等，影响睡前情绪。对于孩子特别想看的动画片，家长可以帮孩子录制下来，在孩子周末休息时再播给孩子看。

现代家长“夜猫子”不少，常常工作或玩乐到三更半夜，自己的作息晨昏颠倒，相对地也打乱了孩子正常的睡眠时间。孩子睡得晚，早晨自然就会起不来。此外，倘若家长习惯在睡前与孩子玩耍，使其精神处于亢奋阶段，孩子便不容易入眠，也易导致隔天不能正常起床。有些孩子从小跟着外公外婆或爷爷奶奶长大，或者二十四小时托育在保姆家，父母可能要周末、假期甚至年节才能与孩子见一次面，亲子相聚好像度假般。父母因为偶尔才能陪伴孩子，总是心怀愧疚，因此每次见面都是用玩具、糖果、饼干尽量地讨好孩子。有些孩子会因为期待父母的出现，或因父母离去的不舍，而出现生活作息失调的现象。

孩子生活有规律，不仅可以让孩子过得舒服、有安全感，也能为家长赢得更多的时间，更好地安排一天的活动，给孩子更精心的照料。对于一个正待用爱灌溉成长的孩子而言，给他一个合理正常的生活模式，是家长的责任。规律的睡眠习惯，不但是健康的基础，也是有效学习的重要因素。如果您还没有让孩子养成良好的生活作息习惯，不妨就从今天开始实行吧！

（金燕燕/文）

如何培养孩子良好的饮食习惯？

家长困惑

在孩子成长的过程中，家长们在孩子饮食方面常常遇到各种问题，如挑食、偏食、边吃边玩、边吃饭边看动画片、吃饭太慢等。让孩子好好吃饭就那么难吗？遇到孩子这些坏习惯，家长们该怎么办？

家教剪影

威威已经上小班了，可每次吃饭时都要看动画片。只有在看动画片的时候，威威才安静地坐着让妈妈喂饭。有时妈妈跟他讲条件：“只要不看动画片，自己把饭吃完，就有奖励。”可真正关掉电视，他就慢吞吞地“数米粒”，一会儿说西红柿不吃，一会儿又说葱不吃，一会儿把青菜全挑了出来，有时甚至要求不吃鱼、虾等。

妈妈着急，在旁边催促：“不吃的都挑出来了，那你快点啊，不然我就不给你奖励。”“不要再看了，赶紧吃啊！”“你看都半个小时了，你才吃这几口。”“快点啊，饭都凉了。”爸爸看这些话没有起到作用，就一把抓过碗勺，给他喂饭。刚喂了两口，威威把吃进的饭菜全部吐了出来……

此时妈妈又着急又无奈，突然想起威威前些天逛超市时看中了一个变形金刚玩具。于是说：“威威，你如果把饭吃完，妈妈明天买那个变形金刚！”“好！我要那只黄色的，大的！会变成车，还会变成机器人，把坏蛋……”威威一听变形金刚，可来劲了，不断地说着那个玩具的功能和玩法。妈妈见他并没有把心思放在吃饭上，又赶忙说：“你要是不快点吃，一直说话，那我不给你买了！”威威一听，着急了，吵闹着说：“我要变形金刚！我要！我要！”

"那你赶紧吃啊，不要一直说个不停，这样怎么吃饭！""好！那妈妈你一定要给我买！"于是，他赶紧自己舀起饭，大口地往嘴里塞。由于心急加上嘴里的饭菜太多，他又再次呕吐出来。

由于妈妈常拿各种条件当作吃饭的诱惑，威威一到吃饭时就开始挑三拣四，直到妈妈说要奖励什么或者发脾气了，才稍微收敛些，但也总是吃得很被动。由于长期挑食，少吃蔬菜，威威常常两三天才大便一次，而且每次大便脸涨得通红，很费力。威威嘴巴里总有一股臭味，经常上火。长期的不良饮食习惯，导致威威的体型偏瘦，身体抵抗力也较差，经常生病、感冒。

连线《指南》

《指南》中提出，幼儿阶段是儿童身体发育和机能发展极为迅速的时期，也是形成安全感和乐观态度的重要阶段。良好的身体、愉快的情绪、强健的体质、协调的动作、良好的生活习惯和基本生活能力是幼儿身心健康的重要标志，也是其他领域学习与发展的基础。为有效促进幼儿身心健康发展，成人应为幼儿提供合理均衡的营养，帮助幼儿养成良好的生活习惯，形成使其终身受益的生活能力和文明生活方式。

专家支招

1. 为孩子提供营养丰富、健康的饮食

可参照《中国孕期、哺乳期妇女和0～6岁儿童膳食指南》，为孩子提供谷物、蔬菜、水果、肉、奶、蛋、豆制品等多样化的食物，均衡搭配。烹调方式要科学，尽量少煎炸、烧烤、腌制。

2. 让孩子保持有规律的生活，养成良好的作息习惯

定点、定时、定量进餐，尽量做到吃饭的时间一到，全家人一同在餐桌上用餐，孩子须吃完自己的那一份餐；可以明确地告诉孩子：这顿不吃好，过了时间就没得吃，直至下一顿才能吃，这期间除了可以喝水外，零食是绝对不能吃的；督促孩子形成良好的进食习惯，绝对不允许孩子边吃边玩边看电视。

3. 帮助孩子了解食物的营养价值

引导孩子不偏食不挑食，少吃或不吃不利于健康的食品；鼓励孩子吃瓜果蔬菜和新鲜食品；多喝白开水，少喝饮料。此外，还应注意培养孩子对食物的兴趣和好感。家长不要在孩子面前议论某某食物不好吃，以免造成孩子心理上对某种食物产生厌恶，养成挑剔饭菜的坏习惯。

4. 鼓励孩子独立进餐

对孩子的尝试与努力给予肯定，不因做不好或做得慢而包办代替。引导孩子自己用筷子吃饭，促进孩子手部动作灵活协调。孩子随着手部动作的发展，自我意识的觉醒，以及对周围事物兴趣的不断增加，常常有想自己动手吃饭的欲望，当家长给他喂饭时，他会动手去抢勺，或用手去抓饭菜。对此，家长一定要抓住时机加以鼓励和培养，不要怕饭菜洒落弄脏孩子的衣服。

5. 吃饭时不过分催促

提醒孩子细嚼慢咽，不边吃边玩。进餐时不要过分迁就孩子，否则会加重其消极心理，对偏食、挑食起助长作用。家长态度应平和、亲切，吃饭时如果孩子出现不良习惯，不可采取训斥、恐吓、惩罚等强制性手段对待孩子，否则会使孩子产生畏惧逆反心理，甚至拒绝吃饭。

6. 顺其自然，不强迫孩子

在孩子食欲不振时少吃一顿并无大碍，多数孩子饿了自然会产生食欲，会主动吃。有些家长担心孩子营养不良，强迫孩子多吃，这对孩子的机体和个性都是可怕的压制，使孩子认为进食是极不愉快的事，逐渐形成顽固性厌食。

（王丽红/文）

如何防止孩子产生“电子游戏瘾”？

家长困惑

明星亲子真人秀节目《爸爸回来了》中，乖宝奥莉因沉迷玩手机而被爸爸罚面壁。现实生活中，常有孩子们拿着手机或 iPad，一个人安静地玩上好几个小时的情况。不少家长也庆幸有时间干自己的事了，殊不知，他们正在悄悄地将孩子推给“电子保姆”，并且很可能从此“万劫不复”。孩子上瘾容易，戒瘾却很难，有的甚至因为沉迷电子产品而导致视力急剧下降，身心健康受到损害。

家教剪影

超超妈妈自述：我家孩子生性好动，每逢周末在家都待不住。我们平日工作繁忙，很想利用假期在家好好休息，但如何搞定好动的孩子是一个大难题。后来同事支招，让我给孩子买一部 iPad。果不其然，一向好动的孩子对 iPad 陷入了痴迷的状态，安静了下来，我也清静了，可孩子跟我们交流的时间却都没有了，有时候要问问他在幼儿园学了什么，他都很不耐烦，不爱跟我们说话。过了一段时间，我发现孩子经常不停地眨眼睛，刚开始以为他眼睛进了灰尘，可连续几天都出现了这种情况，让我感到纳闷。为了查明原因，我带孩子到医院眼科检查。医生了解情况之后告诉我，不能让孩子长时间盯着显示屏，尤其是亮度高、色彩强烈的显示屏。久视显示屏非常不利于孩子的视力发育，长期如此会对眼睛造成严重伤害。后来通过和老师的交流也发现，超超与人交往的能力也明显变弱了，大多数时间都是自己一个人玩。我突然意识到问题的严重性，开始制止他玩电子产品，可是不管怎么管教都没有用。孩子哭着喊着要 iPad，没有 iPad 就不吃饭不睡觉。家里人一点办法也没有，非常苦恼，不知道该怎么办。

连线《指南》

3～6 岁是幼儿在健康、社会、艺术、语言、个性、能力等领域发展的关键期，为幼儿提供良好的环境，能对其产生积极有效的影响，这在《指南》中多个领域都有所体现。现在的许多电子产品，如智能手机、电脑、iPad 等对幼儿有着巨大的诱惑力，合理运用可以锻炼他们的反应力，满足他们的好奇心，但是沉迷电子游戏会严重影响幼儿的视力。电子产品显示屏显示的画面色彩鲜艳，光线强烈，对眼睛是一种不良的强刺激。玩游戏时精神集中、紧张，易引起眼睛疲劳，甚至头痛、眼痛。幼儿长时间使用电子产品，也会减少与同学、父母、朋友的交流，影响人际交往能力的发展。

专家支招

1. 家长应以身作则

家长是孩子的第一任也是最重要的老师，家庭教育对孩子的成长起着至关重要的作用。家长的言行，会影响孩子的思想和行为。

孩子对家长的行为是很敏感的，他们常常模仿家长。如果家长不注意自己的言行，孩子易因模仿而养成不好的生活习惯和思想性格。有的孩子喜欢玩电子产品，就是因为自己的家长经常电子产品不离手，加大了孩子对电子产品的好奇心。因此，在日常生活中，家长自己要做好榜样，以身作则，以行动督促孩子适当地玩电子产品。

2. 与孩子约定玩电子产品的规则

不是禁止孩子玩电子游戏，而是要控制他们玩游戏的时间，并进行一定的内容选择。要培养孩子的自律意识，家长和孩子可一起约定好游戏规则，要把这些规则写下来，贴在家里每个人都能看得见的地方。例如，孩子画完画后，可以休息半小时，在这半小时内孩子可以选择玩自己喜欢的游戏，但是不能超时。通过制定规则，让孩子懂得只有做好自己的事情，才能得到的奖励，获得玩电子游戏的机会。这样可以提高孩子的自律意识，控制自己玩游戏的时间。

3. 转移孩子的注意力和兴趣

如果家长对自己的孩子沉迷电子游戏手足无措，不妨尝试转移孩子的注意力。孩子对很多事情具有好奇心，找其他东西吸引他们的注意力，可以适当缓解孩子沉迷游戏的状况。当孩子已经长时间玩电子游戏时，可以尝试用给小零食、玩亲子游戏等去转移孩子的注意力。

4. 充分发挥电子产品的教育功能

电子产品的功能是多样的，电子产品已经越来越多地出现在孩子成长的过程中，其中不少产品所具有的教育功能也确实得到了家长和专业人士的肯定。

孩子使用电子产品，不一定只是玩游戏。家长可以借助电子产品来开发孩子的智力。不夸张地说，很多家长已经通过电子产品来培养孩子。不少家长在孩子婴儿时期就利用声控的早教机与孩子互动，启发孩子学习语言，给孩子讲故事、唱儿歌等。

所以，家长只要利用好电子产品的功能，发掘电子产品的优点，也可以帮助孩子摆脱沉迷电子游戏的习惯。

（张　璐/文）

如何矫正孩子做事磨蹭？

家长困惑

孩子 5 岁了，眼看着就要上小学了，可做起事来总是拖拖拉拉。晚上回家，叫他吃饭、洗澡、画画，都要叫上好几遍。早上 7 点起床，孩子东磨西蹭都要 8 点多才出门。大人急得半死，可孩子一点都不着急。看着他这个样子，很担心将来上了小学以后会影响学习。

家教剪影

小楷吃饭特别慢，一顿饭独立吃完经常要 30 分钟甚至更长的时间。妈妈为了帮他提高速度，采用了集星兑换奖品的措施，并制定了相应的规则：15 分钟内吃完奖励一颗星星，超过 15 分钟没有星星，超过 20 分钟倒扣一颗星星。一开始孩子的兴致很高，效果挺好的，有时还不到 15 分钟就吃完了。但一阶段后发现孩子的战斗力慢慢减弱，常常是一顿饭的前 15 分钟慢吞吞，在时间快要超过 20 分钟，要被妈妈倒扣星星了，才大口大口狼吞虎咽地拼命赶，有时吃到最后反而都吐出来了。久而久之，小楷不光吃饭慢，起床、穿衣等环节都得妈妈不断地催促才能完成。

连线《指南》

幼儿做事磨蹭，是其在成长的过程中，对事情的态度和处理事情时存在着主动性不够的问题。《指南》指出，学前儿童主动性的培养对其后续的学习质量有很大影响。因此，根据幼儿的年龄特点和学习特点，《指南》提出了各阶段的发展目标。家长应遵循循序渐进的原则，从兴趣入手，到乐意接受，并逐渐过渡到能力方法的学习，帮助幼儿提高主动性和积极性。

专家支招

1. 玩游戏，增强时间观念

经常与孩子玩一些计时性游戏，增强孩子的时间意识。如：1 分钟看图找不同，比比谁找到更多的不同；2 分钟拼图看谁先完成任务；5 分钟穿衣服，比比谁更迅速；等等。这样的游戏，孩子乐在其中，会非常积极地参与。孩子渴望赢得第一与赞许，所以会努力加快做事速度，做事磨蹭的毛病将会在不知不觉中逐渐改掉。

2. 多给孩子锻炼的机会

孩子也渴望成长，盼望长大，因此请给孩子成长的时间。无论是学习的技能，还是做事的技能，都是在生活中逐渐学习并掌握的。在孩子成长的过程中，请父母多给孩子一些方法上的引导和传授，而不是埋怨或包办。如：教孩子学习握汤匙吃饭而不是家长喂食；引导孩子学习辨认衣服的前后，并学习穿脱衣服的方法，而不是担心孩子动作慢并进而包办代替；鼓励孩子帮忙做力所能及的家务，而不是嫌他碍手碍脚予以批评责备。多给孩子一些锻炼的机会与鼓励，让孩子在实践中学会技巧，这样孩子做事的效率会在不知不觉中得到提高。

3. 让孩子学会管理时间，增强做事的计划性

和孩子一起制订作息时间表，对起床、洗漱等事情所需的时间做出合理的安排。时间管理得越严越细，效率越高。在孩子做一件事之前上个闹钟，

幼儿家庭教育惑与解

小闹钟嘀嘀嗒嗒地响，对孩子就是一个督促，容易使他产生紧迫感。另外还可以在前一天晚上和孩子一起确定明天需要执行或完成的任务，并一起商讨完成这些任务的时间表，给任务安排完成的先后顺序，让孩子做到心中有数，做事的计划性就会慢慢得到增强。

4. 多鼓励，让孩子每天进步一点点

和孩子一起设计一张成绩表，记下完成某件事预计的时间，然后每天记录实际完成所用的时间，若能及时完成，就给予奖励。选择的事情要由易到难，让孩子从容易的事情逐渐向比较困难的任务过渡，一直到能在合适的时间内完成适当的任务为止。这样可以帮助孩子慢慢缩短完成每一件事情所需要的时间，这是克服动作慢的直接办法。

5. 品尝“磨蹭”的苦果

家长首先要估量一下孩子尽最大能力完成某件事情所需要的时间，然后严格规定孩子在这个时间内完成这项事情，时间一到就停止，不让他继续做下去。如我们最常见的孩子吃饭磨磨蹭蹭这件事情，可以限定吃饭时间，如果他不愿吃饭或慢腾腾的，到时间就把饭菜收起来，并对他说：“我们很失望，希望你下次能按时把饭吃完。”同时切记不给孩子吃零食，让他尝尝没东西吃饿肚子的苦头，这样他就能认识到吃饭磨蹭的害处。

6. 给孩子做个好榜样

如果家长生活懒散无秩序，做事磨磨蹭蹭、慢吞吞，潜移默化，孩子也容易染上做事磨蹭的毛病。所以，家长自己一定要做到惜时守时、讲求效率，给孩子做个好榜样。

行为方式决定行为能力，孩子磨磨蹭蹭一旦形成习惯，补救非常困难，并且生活上磨磨蹭蹭的坏习惯会迁移到学习、交往等多方面，引起一系列不良后果。父母要合理安排孩子的生活，从点滴小事做起，教育孩子提高做事效率，就能帮助孩子克服磨蹭的坏习惯。

（林芳泳/文）

孩子在家不喜欢劳动怎么办？

家长困惑

不少家长抱怨：孩子渐渐长大了，在家里却什么活都不干，做一点事就觉得苦、觉得累。不管家长在家里怎样忙，孩子就是熟视无睹，理所当然地享受着家长为其做好的一切。孩子怕苦怕累，不愿做家务，还爱发脾气，许多家长对此束手无策。

家教剪影

每天早晨，妈妈会把琪琪从被窝里拎出来，帮她穿衣穿鞋，并抱着她到洗手间给她洗脸，然后爸爸会端着牛奶、鸡蛋、包子跟在后面追着她满屋子喂。吃完早餐后，琪琪奶奶就会替她背上小书包送她上学。琪琪今年 6 岁半了，家里人从未让琪琪自己动手做过一件事情。一次，学校组织大家外出活动，琪琪回来时，头发乱蓬蓬的，衣服穿得歪歪扭扭，双眼泛着泪花。爸爸妈妈担心地问她怎么回事，才得知平时不劳动、缺乏自理能力的琪琪在外无法适应集体生活而吃了苦头。

连线《指南》

《指南》中指出：“幼儿自己的事情尽量放手让他自己去做，即使做得不够好，也应鼓励并给予一定的指导，让他在做事中树立自尊和自信。”“引导幼儿生活自理或参与家务劳动，发展其手的动作。如练习自己用筷子吃饭、扣扣子，帮助家人择菜叶、做面食等。”“鼓励幼儿做力所能及的事情，对幼儿的尝试与努力给予肯定，不因做不好或做得慢而包办代替。”“指导幼儿学习和掌握生活自理的基本方法，如穿脱衣服和鞋袜、洗手洗脸、擦鼻涕、擦屁股的正确方法。”“提供一些纸箱、盒子，供幼儿收拾和存放自己的玩具、图书或生活用品等。”

让孩子参与家务劳动的最主要目的，是为了孩子的身心健康发展。家长一定要记住：不是家务劳动需要孩子，而是孩子各方面的发展需要家务劳动。劳动教育对于孩子的成长有着重要意义。从小参加家务劳动的孩子，心灵手巧、勤奋、有耐心、有毅力、能关心体谅他人、懂得感恩、勇于负责、善于与别人合作、实践能力强，成年以后工作效率高、人际关系融洽、生活美满。让孩子进行力所能及的劳动对孩子的成长是有益的，家长要让孩子从小就循序渐进地参与劳动。劳动意识的培养应该从贴近孩子的生活开始，从做家务劳动开始。

专家支招

培养孩子的劳动习惯需要从小抓起，家庭是培养孩子劳动习惯最好的地方。这就需要家长从以下几方面来培养孩子的劳动习惯。

1. 培养孩子对劳动的感情

让孩子认识到劳动是最光荣的，感受劳动的过程、劳动的收获、劳动的快乐。培养孩子尊敬和热爱劳动者的情感，让他们珍惜劳动成果，包括家长的家务劳动。家长平时多给孩子讲有关爱劳动的故事，与孩子一起唱相关的歌曲，看有关的电视节目等，从一点一滴做起，教育、引导孩子，增强孩子热爱劳动的思想感情。

2. 家长要成为孩子热爱劳动的榜样

家长要有正确的劳动观，热爱劳动，尊重并珍惜劳动人民的劳动成果，严格要求自己，在孩子面前起到表率作用。平时父母在做家务时不要因为做家务太累或讨厌做家务而在孩子面前发牢骚，以免给孩子造成家务活很烦人的印象。

3. 给孩子提供选择的权利

提供一份孩子力所能及的家务清单，让他们自己选择其中的一两项，这会让他们感到自己拥有选择的权利，从而心甘情愿地做自己选择的事。

4. 正确看待孩子的年龄特点及个体差异，因人施教

家长应针对孩子的年龄特点，提出相应的要求。每个孩子都有着不同于其他孩子的成长节奏，有着各自特有的成长速度及规律。家长应让孩子依照自己的规律顺其自然地发展，决不能用成人的劳动标准去要求孩子，不要因为一次做不好而责怪他，更不要因孩子没有做好而代替孩子去做，伤害其劳动的积极性。家长除了给予必要的帮助外，还应仔细观察孩子，了解孩子，不宜要求过高过严。孩子劳动的目的是锻炼与学习，家长应注意孩子的接受和劳动能力，不要让孩子产生畏惧心理，应让孩子看到劳动的成果，体会劳动带给自己和他人的乐趣。孩子劳动的过程或结果即使有缺陷，家长也要对孩子的劳动积极性给予肯定，并进行激励性评价，孩子会更乐于接受并不断进取。

5. 给孩子提供安全合适的劳动工具和材料

给孩子配备一些适宜的劳动工具，方便孩子使用。如可以给他一把小小的扫帚用来把案板上的面包屑清扫干净。让孩子洗碗，如果是瓷碗，很容易打碎割伤手，应事先准备好打不烂的餐具，诸如不锈钢碗，这样就不用担心孩子不小心打碎碗而弄伤手。

6. 用记录的方式，评价孩子在家劳动情况

家长可设计“小能手在家劳动情况记录表”，记录孩子在家独立生活及劳动的情况，鼓励孩子尽量去做，相信孩子能够完成。家长也可将孩子每天应该做的事情用图画出来，请孩子自己把每天完成的情况用符号标出来。通过表格的记录和有针对性的评价，可以督促孩子在家学习独立生活及劳动的技能。

7. 习惯的养成需一贯一致，持之以恒

由于有些家长的溺爱，不少孩子在园能自己穿脱衣服、吃饭，可回到家里却什么都不干。所以，无论是家庭还是幼儿园对孩子的要求都要保持一致性，统一思想认识，这样才能取得事半功倍的效果。良好的习惯需要长期保持，家长不能有时因赶时间就对孩子说：“今天就让我来喂你。”“今天不用洗了，明天再说吧。”合理的要求一经提出，就应坚持不懈，持之以恒。

（刘晓莉/文）

学习篇

如何在日常生活中培养孩子的观察能力？

家长困惑

孩子们一起出去游玩的时候，有的孩子总会有所发现：“草丛里有小花。”“这里有小虫子。”“快看，小蝴蝶。”有的孩子却一脸茫然，对什么都视而不见。怎样让孩子学会观察并喜欢观察呢？

家教剪影

欣欣的爸爸妈妈工作忙，平时是奶奶和保姆带着她。奶奶和保姆总是怕欣欣摔着磕着，照顾得很小心。欣欣家有一个小花园，有一天，她跑到花园里蹲着看一队小蚂蚁，奶奶看见了忙喊保姆阿姨：“快把欣欣抱进来，花园里面蚊子很多。”阿姨走过去，欣欣指着蚂蚁高兴地说：“小蚂蚁。”阿姨说：“小蚂蚁有什么好看的，地上脏，我们去里面玩。”说着不顾欣欣的挣扎，把欣欣抱进了屋子里，开了电视哄她说：“电视比较好看。”

连线《指南》

《指南》中指出：“成人要善于发现和保护幼儿的好奇心，充分利用自然和实际生活机会，引导幼儿通过观察、比较、操作、实验等方法，学习发现问题、分析问题和解决问题”。

在生活中获得经验与发展是幼儿学习的一个显著特点，融教育于一日生活中也由此而成为幼儿教育的一个显著特点，因此家长应该在生活中培养孩子的观察能力。

专家支招

1. 在日常生活中激发孩子的观察兴趣

孩子身边有着多姿多彩的世界，如自然界里的花开花落、小动物的活动、家里成人们的劳动、市场上琳琅满目的物品等，都能引发他们的观察兴趣。好奇、好问是孩子的一大特点，成人所需要做的就是保护好他们这种可贵的好奇心，利用身边环境引发他们的观察兴趣，而不是因为过度保护而使孩子不再好奇，缺乏观察兴趣。

2. 利用多种感官体验培养孩子的观察能力

人的观察能力是在学习过程中培养、在实践中锻炼形成的。根据孩子的学习特点，家长要让孩子多运用自己的感官亲身体验，如春天来了，可引导孩子关注花草树木的变化：黄色的迎春花，红色的刺桐花，粉色的山茶花，抽枝长叶的桑树，等等。家长可以让孩子轻轻地摸一摸、抱一抱树干，闻一闻花香，捡起掉落的花瓣等，调动孩子多种感官参与，满足孩子的好奇，给孩子带来更多体验的过程就是在培养孩子的观察力。

3. 积极创设机会让孩子勤于观察

家长要了解孩子的年龄特点，为孩子创造良好的观察条件，并及时进行支持引导，逐步帮助孩子形成乐于观察、勤于观察的习惯。如：家长和孩子一起种下一颗小豆，观察豆子成长的过程，让孩子学会留意和发现生活中的一些现象，并引发孩子思考产生这些现象的原因，促使孩子勤于观察。

4. 鼓励孩子在游戏中表现自己的观察经验

游戏是孩子最感兴趣的活动。孩子的游戏经常是孩子在生活中观察经验的体现。如圆圆在玩医生游戏的时候，先用一块棉花在娃娃手上擦了擦，然后边轻轻把针打进去边说："不哭，不哭，只疼一点点就好了。"这些游戏情节正是孩子对医生打针这一活动细心观察的体现。因此家长要支持孩子和同伴游戏，在孩子游戏时发现他们的问题。如孩子当小司机的时候不懂得遵守交通规则，家长就可以带着孩子去坐车观察司机是怎样遵守交通规则的。家长应让孩子带着目的去观察，使他们在自己的游戏中表现出更丰富的经验。

总之，观察是孩子对周围事物的一种关注。孩子通过观察活动，积累了丰富的知识经验，这对他们的学习生活有着积极的意义。

（杨荣斌/文）

家长如何看待孩子的兴趣爱好？

家长困惑

许多家长认为，只要孩子有自己的兴趣爱好，作为家长就要支持、培养，这才对得起孩子，孩子才不会输在起跑线上。可是特长兴趣班上不了几天，孩子就嚷嚷着不学了。这个时候，家长该怎么办呢？

家教剪影

嘟嘟是个活泼开朗的男孩子，在班级集体活动的时候，时常会不受控制地离开位置，在教室里快乐地狂奔几圈，推倒几个小朋友，再回到位置上。嘟嘟的爸爸妈妈觉得嘟嘟一刻都安静不下来，心想如果嘟嘟有自己的兴趣爱好，能够专心地做一件事就好了。不久，他们发现嘟嘟在幼儿园的绘画作品有创造性，而且画画的时候很安静，于是就为嘟嘟报了绘画兴趣班。嘟嘟在兴趣班学习的时候比较专心和有耐心，但是在家里反而不画画。嘟嘟的妈妈和爸爸忙于工作，回家后也没有花时间鼓励嘟嘟进行美术创作，而是播放嘟嘟喜欢的动画片给他看，以此消磨时间。有时候嘟嘟画得不够“漂亮”，爸爸妈妈甚至气急败坏地批评他，认为他在兴趣班没有好好学习。渐渐地，嘟嘟对绘画失去了兴趣，于是嘟嘟的爸爸妈妈又为嘟嘟报名参加围棋兴趣班，并且还抱怨嘟嘟“做事不会坚持”。

连线《指南》

《指南》强调应重视对幼儿学习兴趣的培养，同时也提出应该珍视游戏和生活的独特价值，创设丰富的教育环境，合理安排一日生活，最大限度地支持和满足幼儿通过直接感知、实际操作和亲身体验获取经验的需要。

培养幼儿兴趣，要求珍视游戏和生活的价值，有以下原因：

《指南》提出：“幼儿的学习是以直接经验为基础，在游戏和日常生活中进行的。”但是现实生活中，成人过早地把幼儿驱赶到“学业”轨道上，忽略了游戏和生活对幼儿的影响。其实家庭为幼儿创造的生活越丰富多样，幼儿所积累的经验就越多、越广阔，兴趣也将更为广泛，更容易被挖掘。

不合理地为孩子选择各种兴趣班，不仅不能培养孩子兴趣，反而增加孩子的负担。给孩子报兴趣班，在一定程度上可以扩大孩子交往的空间，同时可以帮助家长发现孩子的兴趣和优势。但是，没有尊重幼儿身心发展规律，一厢情愿地让孩子学习某些技能来“培养兴趣”，可能会让孩子情绪低落，甚至产生厌学的心理。

专家支招

1. 尊重规律，营造环境

家长首先要做的是尊重孩子的身心发展规律，为孩子创设一个适宜学习的环境，让孩子在宽松的环境中学习。家长可以引导孩子玩各种他喜欢的游戏，孩子在喜欢的活动中则能培养出自己的兴趣爱好。相反，如果“拔苗助长”，让孩子在不适宜自己的环境中学习、生活，则会扼杀小小的“兴趣火苗”。

家长发现孩子对某项事物表现出兴趣爱好以后，应该为孩子创设相应的环境予以支持。如果孩子喜欢阅读，家长可以带孩子挑选自己喜欢的图书，还可以在家里的某个角落创设温馨的“阅读角”，以此鼓励和支持孩子保持阅读兴趣。

2. 用好奇心激发兴趣

好问、好动的特点，这是因为孩子具有好奇心，家长应充分利用它来激发孩子的学习兴趣。家长若不了解孩子这一特点，而把这看成淘气、捣乱，批评或不理睬孩子，就会损害孩子智慧幼芽的生长，挫伤他们求知的积极性。孩子的好奇里面可能隐藏着对某项事物的兴趣和热情。家长对孩子的提问要回答，如果自己也不明白，可引导孩子查询，或者弄明白后再告诉他。家长要尊重、保护和正确引导孩子的好奇心。

3. 鼓励学习，培养兴趣

学习若能给孩子带来快乐，那么孩子一定会喜欢学习。年龄越小的孩子，学习兴趣越是以直接兴趣为主。所以，家长应该以欣赏的眼光来鼓励孩子学习。一方面，家长对孩子应多表扬，少批评。如小班的孩子处于绘画涂鸦期，但是有的家长认为孩子随意在纸张上画没有美感，不经意间说出“画得不好”“画得很乱”等方面评价，这样会抑制孩子的学习兴趣，不利于孩子兴趣爱好的培养。另一方面，家长应教给孩子能接受的技能技巧，帮助孩子感受成功的喜悦。

家长可以和孩子有个约定。当孩子有了兴趣以后，家长可以和孩子谈心，让孩子知道任何学习都是需要耐心和毅力的，鼓励孩子不怕困难，体验成功的乐趣。

家长应调整心态，不能狭隘地认为孩子的兴趣爱好就是要取得某项专业的技能，而应从孩子的兴趣爱好中培养其良好的学习品质，即学习的积极性与主动性。

（李秀娟/文）

孩子太“宅”怎么办？

家长困惑

许多家长反映，孩子不喜欢运动，喜欢在家“宅”着。一有时间，他们更愿意看电视、上网或者玩游戏，而不愿意参加运动。让孩子跟小伙伴一起踢球，他说“脚疼”，只喜欢远远地看着别人踢球，而不愿意参与。平时孩子出门在外就喜欢家人抱着或者背着，喜欢坐车，走一会儿路就嫌累。怎样才能让孩子乐意走向自然，参加各种活动呢？

家教剪影

涛涛小朋友平时不爱运动。爸爸妈妈就经常亲自陪他到户外去运球。刚开始，他只能拿着球在原地拍，动作很不熟练，练了一会儿才尝试运球。由于他的体形较胖，运球时速度很慢，手脚不协调，不能很好地控制球的方向，球老是掉。为了捡球，他来来回回跑得气喘吁吁，对运球失去了信心，索性抱着球不玩了。爸爸妈妈看到这种情形，赶紧在旁边鼓励他再试一试，妈妈在一旁喊口令，爸爸在远处帮他把球运回来，教他慢慢地控制好球。之后，他体验到运球的成功，也感受到玩球的快乐，还会主动邀请爸爸妈妈和他比赛运球，甚至主动邀请其他小伙伴一起玩球。喜欢玩球后，他逐渐爱上了其他运动项目，运动技能越来越熟练，身体也越来越结实了。

连线《指南》

《指南》中提出：“为有效促进幼儿身心健康发展，成人应为幼儿提供合理均衡的营养，保证充足的睡眠和适宜的锻炼，满足幼儿生长发育的需要。”《指南》还提出：“开展丰富多样、适合幼儿年龄特点的各种身体活动，如走、跑、跳、攀、爬等，鼓励幼儿坚持下来，不怕累。日常生活中鼓励幼儿多走路、少坐车；鼓励幼儿自己上下楼梯，自己背包。鼓励幼儿进行跑跳、钻爬、攀登、投掷、拍球等活动。玩跳竹竿、滚铁环等传统体育游戏。”由此可见，运动对幼儿成长具有重要的作用，我们应重视幼儿的运动锻炼。

专家支招

对待不爱运动的孩子，关键是想办法吸引他走出家门到户外进行各种游戏。在游戏的过程中，孩子会体验到对身体的控制感，形成积极的身体意识，从而体验到一种健康向上的生活方式。同时，游戏要有家长和同伴的参与，即使是再有趣的活动，如果缺少了同伴或家长的参与，孩子也会渐渐失去兴趣。

家长可以根据孩子的运动心理过程，“运动知觉→建立表象→形成形象思维→产生情感→培养意志品质”，注重在运动内容和形式设计上下工夫，遵循幼儿的个性心理特征，以趣味性运动方式引导孩子参与并热爱运动。

1. 变换练习法

在一定目标前提下，运用不同方法、手段和形式，使孩子对运动产生更强烈的兴趣。例如将速度素质练习（运动强度 150～160 次/分）变成行进间高抬腿跑、变速跑、追逐跑、下坡跳、一级一级跑台阶、计时跑等，这样既有利于孩子学习多种健身方法，又调动了孩子参与运动的积极性。

2. 创设情境

针对孩子兴趣广泛、模仿力强、活泼好动的特点，家长可创设各种不同的情境，如故事情境、语言情境、场地情境及想象情境等，并通过音乐的渲染、语言的描绘等多种形式，让孩子入景动情，照理知味，引导孩子融入运动的内容，提高实施运动方案的效率。

3. 充分运用新器材

一件新生事物出现必然引起许多人的关注，孩子对新的体育器材更易产生浓烈的兴趣，像“呼啦圈”“溜溜球”“弹跳器”等器材备受孩子青睐。为最大限度调动“肥胖儿”的积极性，家长可以经常购置物美价廉的小型运动器材，既可丰富运动的内容，又可进一步激发肥胖孩子参加运动的热情。

4. 充分利用社区的体育器械

一般来说，社区都会配备基本的体育健身器材，家长可在每天上班前或下班后来这里锻炼，孩子可能会出于“跟风”意识，不由自主地就和父母一起来锻炼了。不仅如此，一般社区的孩子都愿意在这里玩耍，孩子们可以一边玩一边锻炼身体，既锻炼了身体，又提高了孩子的人际交往能力，何乐而不为呢？

5. 周末多安排运动

双休日时，家长不要把大量的时间放在睡懒觉、逛街、看电视上，应该有计划地和孩子进行爬山、郊游等活动，让孩子选择喜欢的地点一起去游玩，这样不仅可以调动孩子游玩的积极性，还锻炼了身体。在亲近大自然的过程中，孩子的性情会得到很好的陶冶和熏陶。爬山需要消耗大量体力，既增强体质，又磨炼意志，这对孩子综合素质的培养作用不可低估。

6. 传统素质练习与体育游戏相结合

传统素质练习的价值虽然非常明显，但显得枯燥乏味，易使孩子感觉疲劳无趣，不能长久坚持。为扬长避短，在运动方案中，采用传统素质练习与趣味性体育游戏相结合，既充实了“运动方案”的内容，更提高了孩子参与运动的积极性。

（黄燕君/文）

家长如何适度地对孩子进行科学启蒙教育？

家长困惑

有家长反映：孩子一回到家就待不住，整天抓蚂蚁，捉小蝴蝶，要不就摆弄那些花花草草，任何一个小物件都能让他研究上半天，经常向爸爸妈妈问这问那。家长心里也清楚应该支持孩子的探究兴趣，但又怕解释错了误导孩子。家长应该如何引导才是适度的支持呢？

家教剪影

几位小伙伴一起玩着，妈妈们都称赞小舟真聪明，懂得的东西真多。这时，一旁的霖霖妈妈叫住霖霖说：“小霖霖，你把动物有几类、什么是细胞向大家背背。”霖霖扶了扶眼镜，愣了半晌呆呆站着，霖霖妈妈大声嚷道：“前几天不是刚背过吗？你这啥记性呀？……”一旁的妈妈们说道：“这么小的孩子怎么能记住那么多。”“是哦，挺难的，就是让我们来记恐怕也不行。”霖霖妈妈回答说：“孩子小，记忆力好，不能输在起跑线上，你看人家 11 岁孩子就考上大学了……”

连线《指南》

《指南》对幼儿科学学习的特点和核心内容进行了充分的诠释，明确指出：“幼儿的科学学习是在探究具体事物和解决实际问题中，尝试发现事物间的异同和联系的过程”。这是由幼儿具体形象的思维特点所决定的，它决定了幼儿科学教育只能是以探究为核心。《指南》中又指出："幼儿科学学习的核心是激发探究兴趣，体验探究过程，发展初步的探究能力"。由此可见，幼儿科学教育的核心不同于知识教育阶段的科学教育，它以培养幼儿探究兴趣、发展幼儿探究能力为主要目的。幼儿科学学习的核心是激发探究兴趣、体验探究过程、发展初步的探究能力，要引导幼儿在探究过程中获取周围事物和现象的一些关键经验，而不是要让幼儿记住抽象科学术语和科学概念。

幼儿科学教育内容生活化的特点明显，主要涉及常见的动植物、物体和材料、物理现象、季节和气候、常用的科技产品等。因此，成人要善于发现和保护幼儿的好奇心，充分利用自然和实际生活机会，引导幼儿通过观察、比较、操作、实验等方法，学习发现问题、分析问题和解决问题，帮助幼儿不断积累经验，并运用于新的学习活动，形成受益终身的学习态度和能力。

专家支招

家庭里的科学教育资源丰富，家长应积极参与孩子的科学教育，让家庭成为孩子科学教育的延伸与补充。

1. 家长尽可能多带孩子接触大自然，接触社会

家中可饲养小动物、种植花草，家长可与孩子一起在做中学，进行简单的观察与科学探究活动。社会实践活动，能真正解放孩子的双手、双脚和大脑，让孩子在玩中学。家长可以带孩子到田间远足，了解田间动植物的名称、生长特征、生活方式；可以到野外找春、夏、秋、冬的特征，培养孩子热爱大自然的情感；可以参观茶厂、粮食加工厂、自来水厂等，了解我们喝的、吃的是怎样生产出来的；可以有目的地带幼儿去银行、电视台等高新技术聚集的地方看看，让幼儿耳濡目染先进的技术与信息，激发幼儿学科技、学创造的愿望；可以积极参与植树等环保活动，增强幼儿的环保意识；可以参观科技馆，让幼儿通过动手操作，具体直观地去学习、探索有关光、电、力等方面的科学知识；等等。家长应引导孩子在丰富多彩的大社会、大自然中，不断地汲取养料，积累经验，与孩子一起好奇地观察各种奇妙的变化，让孩子在快乐的活动中培养观察的习惯和方法，懂得尊重生命、敬畏自然。

2. 有条件的家庭可建立“家庭实验室”

“家庭实验室”的建立并不复杂，也不需要太多的投资，只要为孩子搜集一些日常用品和废旧物品，如放大镜、三棱镜、磁铁、小电池、小灯泡、钢珠、尺子、蜡烛和各种颜料等，就可以和孩子玩许多有趣的科学小实验；也可购置相关的科学实验书，参照实验步骤和孩子一起准备相应的生活化材料用具，耐心地引导孩子尝试做实验。家长与孩子将在家长营造的良好氛围和启迪孩子爱科学的智慧火花过程中，度过快乐的亲子时光。

3. 为孩子储备丰富的科学知识书籍和影音资料

家长应为孩子营造良好的家庭阅读环境。家庭阅读环境直接影响幼儿的学习兴趣和学习能力。家长可为孩子买一些科学方面的书籍和报刊，同时最重要的是能和孩子一起读书，读后还要和孩子一起讨论书中的问题，或把书中的问题带到户外活动中去，在观察中验证问题或重新发现问题，让书成为孩子学科学、爱科学的有益桥梁。家长也可让孩子将家里的科技藏书带到幼儿园里，由孩子向小朋友们介绍书中的内容，然后将书放在图书角里与其他幼儿共同分享，并定期更换新书。这既弥补了幼儿园书籍不足的缺陷，又培养了孩子分享、合作、交流的意识。

4. 抓住各种时机对孩子进行科学教育

当孩子提出各种各样的问题时，家长要正确耐心地给予解答，抓住时机对孩子进行爱科学、学科学的教育。家长应了解孩子在园的科学活动情况，回家后引导幼儿继续探索、提问，并鼓励孩子自己解决简单的问题。这样一来，孩子不仅对科学知识有所掌握，在兴趣与好奇心的驱使下还促进了孩子动手、动脑能力的发展，增加他们学科学的兴趣。

总之，孩子科学探索行为的产生是情境性的，因而需要家长通过提供丰富的物质环境、宽松的心理环境，引发孩子科学探索兴趣，并在孩子探索的过程中尽可能让自己成为和孩子一样的探索者，尽量去了解孩子的内心世界，了解他们的疑问，尊重他们的想法，引导他们进行大胆尝试，支持和鼓励他们的探索兴趣。只有这样，家长才能在科学教育活动中帮助孩子探索得更持久、更深入，更能感受到科学世界的神奇和美妙，激起孩子强烈的、主动的探索欲望。

（潘丹阳/文）

孩子做事不专注、没耐心，怎么办？

家长困惑

家长们经常询问：“老师，我的孩子做事情不专注，这个玩具玩一会儿就换那个，总是拿拿这个，碰碰那个……”“老师，我的孩子做事情没耐心，经常做事做一半就停止了，遇到很小的困难就会放弃……”“老师，孩子有时刚开始画画兴趣很浓，很专注，没过一会儿就东张西望，东蹦西跳……”那么到底是什么原因造成孩子不专注、没耐心呢？要采用什么方法培养孩子的专注力与耐心呢？

家教剪影

萱萱是个中班的小女孩，她是一个有主见的孩子。这天，萱萱跟妈妈商量好要各自做自己的事情，互不干扰。萱妈做自己的事情去了，萱萱在客厅专心地玩着自己的芭比娃娃。这时，萱妈的声音响起了：“宝贝，你在干什么呀？需要帮助吗？”萱萱没回答。过了一会儿，萱妈的声音又响起来了：“宝贝，你帮妈妈把桌上的书拿过来一下。”……就这样，一个上午过去了，萱萱的游戏在萱妈不断的打断中结束。下午，萱萱正在认真地修理破损的小汽车，萱爸走过来说：“萱萱，你不去画画、写字，在那瞎忙活什么？”萱萱只好放下手中的小汽车走开了。萱妈责怪萱爸：“你整天教育孩子‘自己的事情自己做’，孩子刚才正在认真地做自己的事情，你怎么可以这样训斥她呢？”萱爸：“孩子都是被你惯坏的，整天‘不务正业’，不好好读书写字，浪费时间。”萱妈：“孩子做自己喜欢的事情，难道有错吗？”……晚上，萱萱正在画画，萱妈走过来对萱萱说：“萱萱，我们赶紧去洗澡了。”这时，萱萱不得不停下手中的画笔……

连线《指南》

做事专注是幼儿最宝贵的学习品质之一，对于幼儿智力的发展起着重要的推动作用。因此培养幼儿做事专注的品质，会对他的未来产生重大的影响。《指南》在“说明”部分中强调，实施《指南》时应“重视幼儿的学习品质”，并明确指出“幼儿在活动过程中表现出的积极态度和良好行为倾向是终身学习与发展所必需的宝贵品质。要充分尊重和保护幼儿的好奇心和学习兴趣，帮助幼儿逐步养成积极主动、认真专注、不怕困难、敢于探究和尝试、乐于想象和创造等良好学习品质”。

专家支招

为什么孩子只有“三分钟热度”？为什么孩子“一点都不认真”？究竟是什么原因让孩子难以坚持呢？家长应如何帮助孩子学会专注和耐心呢？

1. 要教育孩子学会“延迟满足”

现代社会物质丰富、生活便捷，加之父母爱子心切，因此孩子有什么要求，总能迅速得到满足。久而久之，会使孩子缺乏耐心等待和自我努力的意识，从而错过许多培养耐性的机会。所以家长对孩子的要求，不一定马上给予满足，最好是通过孩子的某种努力才能获得。如有时孩子急切希望得到某玩具，家长可有意延缓一段时间，不要立刻满足孩子的要求，以培养孩子的耐心。心理学家通过实验证明，这样培养出来的孩子，能靠对未来奖赏的想象来代替即刻的满足，因此他们比其他孩子更能抵御周围的一些诱惑而坚持把事情做完。

2. 成人做好榜样，切勿随意打扰孩子

许多孩子没有耐心，是因为家长对孩子做事的要求往往虎头蛇尾。家长要注意自己的言行，避免影响孩子致其做事半途而废。如，开始一种新的活动之前，必须让他把正在进行的活动作个了结。上文“家教剪影”中的萱妈要叫孩子去洗澡，应该在准备洗澡水之前告诉孩子“画完这张画就去洗澡”，然后在孩子洗澡之前认真检查画画的进展。这本身就是在培养孩子做事有始有终的良好习惯。

3. 给孩子设置障碍

家长应该有意识地给孩子设置障碍，为孩子提供一些克服困难的机会。因为耐心是坚强意志磨炼出来的，越是在困难的环境中，越能锻炼孩子的耐心，家长应鼓励孩子做事不能半途而废。此外，家长还应让孩子集中精力，持久地沉浸在一种活动中，并要让孩子知道生活中许多事是需要耐心和等待的。

4. 鼓励孩子，让孩子有“成就感”

在做事过程中，孩子如果遇到困难，要鼓励他，让他愿意去克服困难，久而久之，就能养成善始善终做完每一件事的良好习惯。另外，成功的喜悦能够刺激孩子再接再厉，当孩子顺利完成一件事情的时候，要及时给予肯定，让孩子在成就感中不断提高自己的能力。当然，家长不要将结果看得太重要，即便孩子还没有达到要求，但只要他有了积极的表现，同样也可以给予赞美。

5. 游戏训练

游戏是孩子生活的一部分，游戏有利于培养孩子的专注力和耐心。如“找不同”的游戏，让孩子从两幅图片中“找不同”。这个过程中需要孩子仔细地观察，专心地思考。再如“卖关子”的游戏，在讲故事的过程中故弄玄虚，不时向孩子提问："哎呀，我忘了，刚才讲到哪儿了？""刚才遇到的那个事情你说该怎么解决？""你能不能猜猜这个故事的结尾？"……这就"逼"着孩子不得不集中精力来听故事。

家长是孩子最好的老师，孩子也是家长最好的老师。在教育的过程中，家长需要不断地反思自己，发挥智慧。相信只要家长多一点耐心，平等对待孩子，就能和孩子一起快乐成长！

（孙巧芳/文）

孩子在家在园表现不一致，怎么办？

家长困惑

家庭和幼儿园是孩子成长过程中生活与学习的两个重要的环境。部分家长反映孩子在幼儿园与在家的表现不一致，如在幼儿园很独立，能自己事情自己做，可一到家就依赖大人。孩子为什么会出现在家与在园不一致的表现呢？家长该怎么办？

家教剪影

欢欢是某幼儿园小班的孩子，她活泼可爱，可老师发现她的依赖性实在太强了：吃饭要老师喂，上厕所要老师给她脱裤子、穿裤子，午睡时还要老师给她脱鞋、盖被子……老师想让她自己做，她总是说：“我不会。”

老师把这一情况告诉了欢欢的妈妈，妈妈无奈地说：“是啊，孩子这样已经有一阵子，其实以前有什么事情她老是想要自己做，但我当时嫌她做得慢，就什么都帮她做好了。现在可好，什么都要大人帮忙。”

在老师的耐心鼓励下，欢欢终于开始自己穿衣服了。老师表扬了她，她非常高兴。下午，当妈妈来接欢欢时，欢欢开心地对妈妈说：“妈妈，我会自己穿衣服了。”妈妈说：“是吗？你真棒！”回到家里，妈妈说：“欢欢，把外套脱下。”可欢欢却说：“妈妈帮我脱。”“你不是说在幼儿园会自己穿衣服了吗？在家里也要自己做呀。”“不嘛，我要妈妈帮我脱……”欢欢嘟囔着，躺在沙发上不动弹。

连线《指南》

幼儿阶段是社会性发展的重要时期。在这个时期，幼儿学会如何与人相处，学会正确地看待自己与对待别人；逐步认识周围的社会环境，内化社会行为规范；逐步形成对所在群体及其文化的认同感和归属感，发展适应社会生活的能力。

《指南》明确提出：“家庭、幼儿园和社会应共同努力，为幼儿创设温暖、关爱、平等的家庭和集体生活氛围，建立良好的亲子关系、师生关系和同伴关系，让幼儿在积极健康的人际关系中获得安全感和信任感”，“幼儿的社会性主要是在日常生活和游戏中通过观察和模仿潜移默化地发展起来的。成人应注重自己言行的榜样作用，避免简单生硬的说教”。因此，在幼儿社会性形成与发展中，需要家庭、幼儿园和社会的教育保持一致，密切配合。

专家支招

1. 树立正确爱孩子的理念

溺爱孩子，对孩子无原则地迁就，或者过度地包办代替，都是造成孩子在家与在园不一样的重要原因。因此，家庭成员之间要统一认识，在关爱孩子方面要达成共识，要把爱与教育结合起来，把对孩子的爱侧重在对孩子的生活自理能力以及处理问题能力的培养上。要信任孩子，积极制造机会锻炼孩子的能力，培养其自觉性，从而建立起他们的自信心和进取心。

2. 发挥自身的榜样作用

“潜移默化”是家庭教育的特点。家长首先要努力为孩子营造宽松、和谐的家庭教育氛围，遇到事情要与孩子真诚地沟通交流。其次，家长要注重自身的行为导向，要求孩子做到的家长自己一定要做到。如尊重和孝敬长辈；与熟悉的人见面有礼貌地问好；公共场所有序排队，不大声喧哗；吃完饭自己收拾餐具，自觉漱口；使用材料之后及时放回原位；等等。家长应让幼儿知道：好习惯是每个人都需要养成的，也是非常重要的。

3. 发挥家园配合的作用

家庭和幼儿园是两个不同的生活环境。在幼儿园，有教师的正确引导和同伴的影响，在一般情况下幼儿能表现出好的方面。可在家里，幼儿会自由地、不受控制地表现自己，容易出现任性、撒娇等情况。因此，家长与幼儿园要相互配合，紧密联系。首先，孩子回到家以后，不能放纵，应尽量按照幼儿园的纪律来规范孩子的行为，持之以恒，形成协力。其次，要淡化孩子的“两面性”行为，尤其是不要当着老师和其他孩子的面批评自己的孩子，家长和老师要及时互通信息，对孩子的点滴进步及时鼓励与肯定，发现孩子有不良表现时要共同探讨教育方法，给予孩子恰当的帮助。

4. 要有耐心和信心

家长在帮助孩子的过程中要随时发现孩子每一点的进步，多用正面强化，要善于以孩子的某一闪光点来带动其他方面的发展。家长要及时告诉孩子自己的感受，向孩子传递“妈妈（爸爸）相信你一定能行”的信念。

（郑玉华/文）

交往篇

家长如何培养孩子的分享行为？

家长困惑

很多家长觉得独生子女普遍存在“独占”“独享”行为。他们一生下来就成为家庭的“核心”，缺乏兄弟姐妹共同生活以及谦让友爱的经验，在与人交往中表现得非常小气，不愿与他人分享。作为家长，发现孩子不愿意与人分享时，怎么办？

家教剪影

在公园草地的石凳上，红红和东东高兴地说笑着。这时，红红从口袋里拿出自己的新陀螺玩具，东东看到了非常喜欢，就伸手去拿。红红见状，紧紧抱住陀螺，急忙大声地说："只许你看看，不准你摸陀螺。"东东只得将手缩回，睁大眼睛看着。在一旁的红红妈妈说："红红今天真乖，好玩的陀螺要和小朋友分享才开心啊，你把陀螺给东东玩一下，好吗？"红红低头看了看自己的陀螺，犹豫了一下，很不情愿地递给了东东。接下来，红红的视线就一直没有离开过自己的玩具，紧紧地盯着陀螺，生怕陀螺被弄坏……

连线《指南》

《指南》明确提出，幼儿社会领域的学习与发展过程是幼儿社会性不断完善并奠定健全人格基础的过程。幼儿阶段是社会性发展的关键时期，良好的人际关系和社会适应能力对幼儿身心健康发展以及知识、能力和智慧作用的发挥具有重要影响。幼儿在与成人和同伴交往的过程中，不仅学习如何与人友好相处，也在学习如何看待自己、对待他人，不断发展适应社会生活的能力。

专家支招

1. 从生活中的细节着手培养，帮助孩子树立良好的分享意识

首先，适宜的家庭环境是激发孩子分享的基础。家长应让孩子从小生活在平等的家庭气氛里，不要给孩子特殊的地位，以免形成"小皇帝"的优越状态。周末或节假日要利用各种方式与孩子一起玩，和孩子像朋友一样聊聊天，倾听他的声音，分享他的喜怒哀乐。

其次，品德方面的文学作品是孩子分享能力发展的精神食粮。在文学作品中，有许多品德方面的故事，其中适当的正面形象有利于孩子分享意识的培养。例如经典的历史故事《孔融让梨》、儿歌《分果果》等，都蕴藏着与人分享、感受快乐的内容。家长还可将日常生活中有关分享助人的内容编入故事，让幼儿在欣赏、讨论、理解故事的同时，知道分享不仅能使他人得到快乐，也能使自己快乐。

最后，家长要从小在孩子心中种下关爱他人的种子，培养孩子关心他人的良好品德。家长的过分溺爱，对孩子的迁就、纵容、包庇及无条件满足孩子一切要求，这些都会使孩子错误地认为，别人关心自己是天经地义的，而自己从不会想去关心别人。其实，培养孩子关心他人的情感，要从小做起，从小事做起。例如：虽然饭桌上有孩子爱吃的东西，但孩子应照顾到每一位家庭成员；生日时，孩子应让家人一起分享他的快乐；父母工作忙，孩子应学会帮忙分担家务；无论谁生病了，孩子都应关心照顾病人；生活在公寓里，孩子应不影响他人休息，不损害他人利益；等等。家长还要教育和鼓励孩子在集体生活中懂得关心帮助同伴，懂得关心集体；在社会生活中，懂得关心帮助周围有困难的人。总之，家长可利用各种机会，培养孩子关心别人的习惯，久而久之，孩子心里想的就不会完全是自己。

2. 通过示范榜样和移情训练，促进孩子分享行为的发展

利用榜样的力量感染孩子，可以达到培养好行为的目的。洛克的《教育漫话》中指出："儿童的举止大半是模仿出来的。"所以榜样的力量是无穷的，家长一定要以身作则。孩子的模仿对象主要有以下几类：一是父母、老师等孩子身边的重要成人；二是经常在一起玩耍的小伙伴；三是书本、电视等媒介里的主人公。越是孩子喜爱的人，对他的影响作用也就越大。

移情训练是指提高孩子善于体察他人情绪、理解他人情感，从而与他人共享的训练方法。利用移情的手段，让孩子学会站在他人的立场上考虑问题，感受他人的愿望、情感，从而逐步形成自身积极的、正确的内心体验。笔者就有个亲身体验的案例：儿子小时候也不懂得分享。有一次，儿子班级开展亲子活动，全部幼儿都带着好吃的食物在公园里分享，唯独他一人不肯把自己心爱的零食拿出来请别人吃。我想到移情训练法可能会帮助他学会分享，于是我对儿子说："宝贝，咱昨天买的薯片有烧烤味的，能不能请妈妈尝尝啊？"儿子点点头，拿了块薯片给我。我开心地对他说："谢谢你的分享，真好吃！"宝贝开心地说："不用谢！"同伴笑笑拿了个果冻走过来，说："乐乐这个果冻是可乐味的哦，我请你吃！"乐乐害羞地不敢接受，我问："宝贝，可乐味的果冻哦，你想不想尝尝？"儿子用力地点头，我继续问："宝贝，笑笑把自己喜欢吃的果冻和你分享，那你想想如果笑笑也能得到你的分享，他的心情会怎样啊？"儿子说："肯定也会很开心！"说完，儿子赶紧拿了块最大的薯片递给了笑笑，说："笑笑，我们一起分享吧！"我开心地对儿子说："宝贝你真棒，你看互相分享自己的东西大家都会很开心吧！我们一起把咱好吃的零食跟其他小朋友分享好吗？"案例中自然的移情训练对孩子的分享行为起到了很大的作用，有效地帮助了孩子学会分享。

3. 家长要学会创造分享机会，强化孩子的分享意识和行为

一方面，开展“小串门”家庭联谊活动，是孩子互相分享的好机会。建议家长可以在周末时带孩子与同伴、同学互相串门，在串门的同时家长要注意引导孩子拿出自己的玩具、食物与好伙伴们共享，或者邀请几个家庭一起出游。家长们在出游中创造些小困难，引导孩子互相帮助等。久而久之，几户家庭关系亲密，孩子们在交往中也学会了分享。

另一方面，家长与孩子可积极参与社会上的“献爱心”活动。一些偏远贫困山区的孩子买不起图书、玩具，对于他们来说，得到的玩具和图书是珍贵的。家长可搜集相关资讯并向孩子介绍一些贫困地区儿童的生活学习状况，使孩子产生同情之心，鼓励孩子捐献自己的玩具、图书。这样的活动不仅能为贫困山区儿童解决实际困难，而且对于培养孩子的利他及分享意识有着积极的促进作用。当然，家长还可以带孩子做社会义工，去关爱老人，让孩子真切地体会到，能为他人做出奉献是一种美德，同时也是一种快乐。孩子从小能够学会分享，这将是他一生受用不尽的财富。

（陈　婕/文）

孩子胆小怕生怎么办？

家长困惑

孩子逐渐长大，接触到的人越来越多，与父母、客人、伙伴、老师等的交往问题逐渐呈现出来。有的孩子认生畏缩，怕与陌生人说话；有的孩子不知道如何和小朋友相处，喜欢独自游戏；有的孩子在幼儿园里总不能适应，不喜欢集体生活……这些问题让家长们感到很烦恼。该如何有效地帮助孩子积极主动地与人交往呢？

家教剪影

佳佳是个小班男孩，爸爸妈妈工作忙，平时都是爷爷奶奶带。佳佳性格比较内向，不常和小朋友一起玩，碰见陌生人总躲在大人身后。自从上幼儿园后，家长意识到应该多带佳佳与人交往。周末，妈妈带佳佳到亲戚家串门，一进门就催促他：“问爷爷好！”“快跟姑姑打招呼！”……没想到一催促，佳佳更是涨红着脸往妈妈身后躲

了。妈妈急得直摇头："这孩子，就是胆小。"爸爸带佳佳去跟同事的孩子玩，把他带到小姐姐面前说："去吧，跟姐姐玩去。"可佳佳却拿出自己的汽车玩具，低头摆弄着。爸爸急了："你怎么自己玩？要跟姐姐一起玩呀！"佳佳看了看爸爸，又看了看姐姐，仍是独自玩小汽车。爸爸摇头叹息："这孩子，怎么就这么内向呀！"

连线《指南》

《指南》中指出：幼儿社会领域的学习与发展过程是其社会性不断完善并奠定健全人格基础的过程。幼儿在与成人和同伴交往的过程中，不仅学习如何与人友好相处，也在学习如何看待自己、对待他人，不断发展适应社会生活的能力。良好的社会性发展对幼儿身心健康和其他各方面的发展都具有重要影响。

家庭、幼儿园和社会应共同努力，为幼儿创设温暖、关爱、平等的家庭和集体生活氛围，建立良好的亲子关系、师生关系和同伴关系，让幼儿在积极健康的人际关系中获得安全感和信任感，发展自信和自尊，在良好的社会环境及文化的熏陶中学会遵守规则，形成基本的认同感和归属感。幼儿的社会性主要是在日常生活和游戏中通过观察和模仿，潜移默化地发展起来的。所以成人应注重自己言行的榜样作用，避免简单生硬的说教。

《指南》针对如何培养幼儿的社会交往能力，也提出了如下建议：

1. 主动亲近和关心幼儿，经常和他一起游戏或活动，让幼儿感受到与成人交往的快乐，建立亲密的亲子关系和师生关系。

2. 创造交往的机会，让幼儿体会交往的乐趣。如：利用走亲戚、到朋友家做客或有客人来访的时机，鼓励幼儿与他人接触和交谈；鼓励幼儿参加小朋友的游戏，邀请小朋友到家里玩，感受有朋友一起玩的快乐；幼儿园应多为幼儿提供自由交往和游戏的机会，鼓励他们自主选择、自由结伴开展活动等。

专家支招

近年来，我国独生子女家庭特殊的“四二一”的家庭结构，使孩子的主要家庭活动为：独自玩耍，看电视，与老人、父母一起玩等。由于人们居住的场所逐渐具有高层封闭的特点，邻里之间互不往来，人与人之间缺乏沟通。这种生活环境使得孩子缺乏与人交往的机会，造成交往能力低下、胆小怕生。那么作为家长应如何改变这一现状，培养幼儿主动交往的能力呢？

1. 营造良好的交往氛围

成人间的交往氛围将直接影响孩子的交往态度，要给予孩子一个充满爱的温暖家庭。父母热情好客，开朗豁达，长幼间、亲子间、邻里间经常一起游戏、娱乐，在这种家庭中生活的孩子从小就会有一种喜欢与人交往的态度。

2. 提高孩子的语言能力

语言是交际的工具，要交往就要靠有效的语言沟通。3～6 岁及 8～9 岁是语言发展的重要时期，因此家长要注意培养孩子良好的语言理解能力和出色的语言表达能力，让孩子多听故事，还要多讲故事、多编故事。另外，家长要多让孩子接触大自然、大社会，为孩子的语言表达提供丰富的内容，并在日常生活中有意识地教孩子一些基本的礼貌用语。

3. 教给孩子基本的交往技能

交往技能有很多，包括分享、协商、建立规则等。在集体中懂礼貌、会合作、愿分享、守规则的孩子往往最受同伴欢迎。家长应教育孩子以诚待人、宽以待人，别人讲话或提建议时要认真听，不随便打断别人。遇事应由大家一起来商量解决，多考虑同伴的建议和意见。想和别人一块玩时，要有礼貌地提出要求：“我也一起玩好吗？”“咱俩交换玩具行吗？”玩具不够时，可以轮流玩，也可以猜拳决定谁先玩，还没轮到的时候应该学会等待。

4. 增加孩子与人交往的机会

人际关系要密切，一定的交往频率是前提。家长应积极为孩子创造与外界交往接触的机会。如邻里之间的走访；带孩子外出做客；带孩子到公园、街上认识不同的人，使孩子能有机会接触一些陌生但又和善的人；让孩子帮助他人做一些力所能及的事情；若遇到年龄相仿的孩子，鼓励孩子主动接近，一起玩耍；等等。家长要让孩子主动交际，并和孩子交流感受，强化孩子的交往体验，并适时给出建议或肯定，使交往成为孩子稳定的行为方式。

5. 培养孩子的自信心

家长应尊重孩子的人格，帮助孩子培养自信心、自尊心，既不溺爱，也不苛求。在带孩子做客或接待客人的活动中，家长可事先让孩子有一个心理准备，也可以提出一些适度的要求，指导孩子在客人面前的举止行为。活动结束后也应对孩子的行为作出评价，多鼓励，少批评，抓住孩子在交往中的点滴进步给予鼓励，让孩子体验交往成功的愉悦；切忌在孩子面前给予“内向、胆小”等否定的评价，这样孩子才能充满自信地与人交往。

（陈静瑜/文）

孩子懦弱、抗挫能力差怎么办？

家长困惑

独生子女逐渐成为社会家庭的主流，“四对一”“六对一”的家庭结构屡见不鲜。孩子们大多生活在“蜜罐”中，是人人宠着的“小皇帝”“小公主”。过多过细的照顾和保护，使得孩子面对困难或是挫折时总是不知所措，由此造成孩子任性、脆弱、自我、依赖性强、抗挫折能力弱。家长们应如何改变心态，培养孩子坚强、勇敢及抗挫能力强的个性品质呢？

家教剪影

娜娜长得瘦瘦小小的，是爸爸妈妈的心头肉。爷爷奶奶惯着她，爸爸妈妈宠着她，其他人也围着她转。一次，娜娜到外面玩时不小心摔倒了，手上破了个口子，娜娜哭喊着找妈妈：“妈妈，妈妈，我的手破了，还流血了！”妈妈见了，立即带着娜娜往医院赶。医生见伤口并不大，进行简单消毒后就让妈妈带她回家了。在医生处理伤口的过程中，妈妈不断地问医生：“会不会感染？会不会留疤？”并不断安慰娜娜：“宝贝，不疼啊。”爸爸下班回来，看到娜娜手上的伤，马上将娜娜拉到跟前，一边紧张地看娜娜的手，一边问娜娜疼不疼。看到爸爸紧张的样子，娜娜顿时觉得手很疼，眼泪也跟着出来了。在家人的保护下，娜娜在生活中遇到一点点委屈或是困难，往往以“哭”的方式等待家长的帮助与呵护。

连线《指南》

幼儿期是个性形成的关键期，幼儿的心理健康对以后能否适应社会环境、承受生活挫折有着重要影响。很少遭受挫折的幼儿长大后会因不适应激烈竞争和反复多变的社会而深感痛苦。《指南》在各个领域的发展目标中对幼儿的个性培养都有相应的要求。如在“健康领域”的目标中指出，幼儿要经常保持愉快的情绪，不高兴时能较快缓解、知道引起自己某种情绪的原因；在“社会领域”的目标中指出，3～6岁幼儿应具有自尊、自信、自主的表现，面对困难时能敢于尝试、主动承担、不依赖别人；在“语言领域”“艺术领域”的目标中也提到，幼儿能大方地与人打招呼、敢在众人面前说话、喜欢进行艺术活动并大胆表现；等等。因此，在幼儿的学习与发展中，我们不仅要关注幼儿的知识养成，更应关注幼儿健康个性的发展。由此可见，培养幼儿勇敢、自信、大方、不怕挫折等良好的个性品质，对幼儿一生的发展具有至关重要的作用。

专家支招

1. 正确认识困难，培养孩子的坚强、勇敢及抗挫能力

当孩子面临困难时，家长应引导孩子正视困难，让孩子直观地了解事物发展的过程，从反复体验中逐步认识到挫折的普遍性和客观性，从而真切地感受到做任何事情都会遇到困难，而成功的喜悦恰恰来自于问题的解决。只有让孩子正视挫折，才能培养出他们勇敢、坚强，不怕挫折、敢于面对挫折的能力。

2. 利用和创设困难情境，培养孩子的坚强、勇敢及抗挫能力

在孩子的生活、学习活动中，我们可以随机利用现实情境，或模拟日常生活中出现的难题，让孩子开动脑筋，根据已有的生活经验，经过自己的努力，克服困难，完成任务。孩子经历了由不会到会、由别人帮助到自己独立完成的过程后，心理上会得到满足，同时也锻炼了自理能力。家长还可以创设困难情境，鼓励孩子积极面对困难，作出努力并取得成绩，让孩子体验成功的喜悦，从而更有信心去面对新的困难。

3. 多以鼓励的方式，培养孩子的坚强、勇敢及抗挫能力

孩子只有不断得到鼓励，才能在困难面前淡化和改变受挫意识，获得安全感和自信心。家长要多鼓励孩子做自己力所能及的事，一旦进步，要立即予以表扬，强化其行为。家长的鼓励和肯定既能使孩子的受挫意识得以改变，又能提高他们继续尝试的勇气和信心。

4. 利用榜样作用，培养孩子的坚强、勇敢及抗挫能力

在日常生活中，可向孩子讲述一些名人在挫折中成长并获得成功的事例，让孩子以这些名人做榜样，不畏挫折。要注意家长的榜样作用，在孩子眼中，家长的形象非常高大，是无所不能的，家长对待挫折的态度和行为会潜移默化地影响孩子的态度和行为。如上述“家庭剪影”中，如果妈妈注意榜样的作用、弱化困难，以积极的态度影响娜娜，娜娜会在榜样的影响下，遇到困难不再抹眼泪，而是树立信心努力去战胜挫折。妈妈口头上的“你真行”也会变成孩子心理上的“我真行”。

培养孩子的坚强、勇敢及抗挫能力是一个长期的过程。在这个过程中，家长一定要注意，不能对孩子提出过高要求，要根据孩子的年龄特点和兴趣进行培养，否则，孩子在压力面前会产生强烈的挫折感，经常笼罩在这种挫折感中，会损害他们心理的健康发展。总之，在孩子发展的过程中，没有挫折不行，挫折过多、过大也不行，家长要正确引导，使孩子能正视并战胜挫折，健康发展。

（朱芬霞/文）

如何让孩子关爱他人和孝敬长辈？

家长困惑

当今中国家庭，以独生子女居多，一家人总是围绕着孩子一个人转，把他们一个个都宠成“小皇帝”“小公主”。孩子逐渐养成衣来伸手、饭来张口的习惯，以自我为中心，做什么事情只知道自己高兴，从来不会去关注别人的想法，更别说顾及别人的感受、关爱别人了。那么，家长如何改变这种状况？如何培养孩子关爱他人和孝敬长辈的好品质呢？

家教剪影

斌斌的奶奶非常勤劳，每天起早贪黑，把所有的家务都包了。斌斌的父母从不帮忙做家务，有时还嫌弃老人做的饭菜没变化。一天，奶奶生病了，躺在床上起不来。斌斌的妈妈一回家也不问奶奶为什么躺床上，便说：“妈，现在都几点了，你怎么还没有做饭呀?”而斌斌的爸爸一进家门就坐在沙发上看报纸，对家里的事不闻不问。奶奶见了，连忙爬起来，赶紧淘米洗菜做饭。饭做好了，大家正吃着，斌斌突然吐出口里的排骨，说：“奶奶，你怎么做菜的，这么难吃。”斌斌的妈妈听了不但不说斌斌，还说：“就是就是，今天的菜没味道。”吃完饭，生病的奶奶回房躺下，让斌斌帮忙倒一杯开水准备吃药，可是斌斌却说：“你自己倒吧，我要玩玩具。”斌斌不知道体谅奶奶的辛苦和操劳，不懂得关心老人。不懂事的他还经常说奶奶的手很粗糙，有一股异味，不喜欢亲近奶奶。

连线《指南》

《指南》中提出，家庭、幼儿园和社会应共同努力，为幼儿创设温暖、关爱、平等的家庭和集体生活氛围，建立良好的亲子关系、师生关系和同伴关系，让幼儿在积极健康的人际关系中获得安全感和信任感，发展自信和自尊，在良好的社会环境及文化的熏陶中学会遵守规则，形成基本的认同感和归属感。幼儿的社会性主要是在日常生活和游戏中通过观察和模仿，潜移默化地发展起来的。成人应注重自己言行的榜样作用，避免简单生硬的说教。

《指南》在“教育建议”中还提到：

1. 成人以身作则，以尊重、关心的态度对待自己的父母、长辈和其他人。经常问候父母，主动做家务；礼貌地对待老年人，如坐车时主动为老人让座；看到别人有困难能主动关心并给予一定的帮助。

2. 引导幼儿尊重、关心长辈和身边的人，尊重他人劳动及成果。提醒幼儿关心身边的人，如妈妈累了，知道让她安静休息一会儿；借助故事、图书等给幼儿讲讲父母抚育孩子成长的经历，让幼儿理解和体会父爱与母爱；结合实际情境，提醒幼儿注意别人的情绪，了解他们的需要，给予适当的关心和帮助。

3. 引导幼儿学习用平等、接纳和尊重的态度对待差异。如：了解每个人都有自己的兴趣、爱好和特长，可以相互学习。

专家支招

1. 要建立合理的长幼有别的家庭关系

合理的长幼有别与封建家长制、“一言堂”是不同的。所谓“合理”，是指全体家庭成员（包括子女）之间首先是民主、平等的，父母要尊重孩子的独立人格，尤其是在处理有关孩子的事情时一定要充分听取孩子的意见，尽可能按他们合理的意愿办事。同时，家庭又是一个整体，不能各自为政，总要有人来领导并管理、指导家庭全体成员的生活。家长是家庭生活的供养者，而且他们有丰富的生活经验，自然应当成为家庭的核心和主事人。孩子（尤其是未成年人）应当在家长的指导、帮助下生活、学习。现在，不少的家庭中，孩子是“小太阳”，家长却变成围着孩子转的“月亮”，这就为孩子形成以自我为中心的“小霸王”性格提供了土壤，更谈不上培养孩子孝敬长辈的好习惯了。因此，我们要让孩子明白自己与长辈的关系，知道长辈是长者，是家庭生活的主事人，而不能颠倒主次，任孩子在家庭里逞强胡闹。

2. 要让孩子了解家长为他和家庭所付出的辛苦

现在不少孩子不知道家长工作情况，不知道家长的钱是怎样得来的，只知道向家长要钱买这买那，认为家长给孩子吃好、穿好、用好是天经地义的。这样的孩子怎么会从心底里孝敬家长呢？为此，家长应当有意识地经常把自己在外工作的情况告诉孩子，说得越具体越好，从而让孩子明白家长的钱得来不易。这样，孩子会逐渐珍惜自己的幸福生活，也会从心底里感激和敬重家长。

3. 要从小事入手培养孩子孝敬家长的行为习惯

教育孩子孝敬家长的一般要求是：听从家长教导，关心家长健康，分担家长忧虑，参与家务劳动，不给家长添乱。要把这些要求变为孩子的实际行动，就应当从日常小事抓起。如关心家长健康方面，要求孩子每天要问候下班回家的家长；当家长劳累时，主动帮忙或请家长休息一下；当家长外出时，提醒家长是否遗忘东西或注意天气变化；当家长生病时，轻声走路，不打扰家长，并且关心家长。孩子应承担力所能及的家务劳动，如吃饭时摆筷子，4～5岁的孩子还可以帮妈妈擦桌子、椅子，摆碗筷等。还应根据孩子的年龄、能力、学习情况，合理分配，具体指导，热情鼓励。这样不但有利于孩子养成承担家务劳动的习惯，也有利于孩子不断增强孝敬家长的观念：“家长养育了我，我应为他们多做事”。家长还可以用各种方法克服孩子独占食物、以自我为中心的习惯。家里有小朋友时，鼓励孩子把自己的玩具拿出来分给小客人们玩，和他们共享游戏的乐趣。多给孩子讲述有关孝敬长辈的故事，如《孔融让梨》等。通过故事，孩子能够理解许多道理，并在行为中自然而然地表现出来。

4. 要以身作则，家长要做孝敬长辈的楷模

孩子对待家长的态度，直接受家长对待长辈态度的影响。有一个故事是值得借鉴的。从前有一对中年夫妇对年迈的父母很不孝顺，他们把老人撵到一间破旧的小屋里居住，每顿饭用小木碗送一些不好吃的东西给老人。一天，他们看到自己的儿子在雕刻一块木头，就问孩子刻的是什么。孩子说："刻木碗，等你们年纪大时好用。"这时，这对中年夫妇猛然醒悟，把自己的父母请回正屋同自己一起居住，扔掉了那只小木碗，拿出家里最好吃的东西给老人吃。小孩因此也转变了对他们的态度，从此一家三代和睦生活。可见，家长的榜样，对孩子的影响有多大。家长应多关心自己的父母，如果说平时因居住地较远、工作较忙不能和老人朝夕相处，那么在休假日要尽量抽时间带上孩子云看望老人，帮老人做些家务，同老人共聚同乐，尽一份子女应尽的责任和义务。如此日长时久，孩子耳濡目染、潜移默化，也会逐步养成尊敬长辈、孝敬父母的好习惯。家长还可以利用角色游戏的形式，让孩子扮演长辈，也是一种很好的办法。可以请孩子在"娃娃家"游戏中扮演爸爸妈妈的角色，让他们感受一下照顾别人是多么的不容易。

（董秋萍/文）

如何引导孩子学会情绪管理？

家长困惑

现在的孩子总是以自我为中心，尤其是对幼儿园阶段的孩子来说，当需求得不到满足时、当做错事不接受他人的意见时，他们不会调节自己的情绪，经常出现情绪失控的现象。如何教育孩子学会接受他人意见，并学会控制自己的情绪？

家教剪影

奇奇是个 5 岁的小男孩，他的语言表达能力很好，性格倔强。

一天，到了快要吃午饭的时候，奇奇不想吃饭要喝牛奶。妈妈和爷爷奶奶都不同意，要求他先吃午饭，下午再喝牛奶。奇奇不同意，哭着闹着非要妈妈给他拿牛奶，还说："你们必须给我牛奶，我现在就要喝！"妈妈一听他这话就跟他拗上了，说现在不能喝。于是，他就哭着打妈妈，还想咬妈妈。看妈妈不妥协，他就自己去拿牛奶了，拿到手后，又狠狠地说："你给我打开，你必须给我打开！"奶奶要给他打开，他不干，非要让妈妈打开包装袋。妈妈不理他，最后奶奶给他打开了。这时他一边喝奶一边用脚踢妈妈，不让妈妈坐他旁边。一次，奇奇和父母去朋友家做客，主人家有个儿子 2 岁半，奇奇和小弟弟在一块玩没一会儿就发生冲突了。小弟弟拿着一辆挖土机，奇奇非要说那是汽车不是挖土机，而小弟弟说就是挖土机，眼看就要动手了。奇奇妈妈忍不住参与进来说："奇奇，这本来就是一个挖土机，你不是也有一辆吗？事实就是事实，你为什么这样说啊？"奇奇听了，生气地说："不是挖土机，弟弟说的不对，我说的对！"

连线《指南》

《指南》依据幼儿的情绪特点与发展需要，围绕目标“情绪安定愉快”提出了各个年龄段幼儿情绪培养的具体目标，如情绪稳定、保持愉快情绪、适度表达和调节情绪等，为具体的教育引导指明了方向。良好的情绪是心理健康的重要标志，就幼儿而言，情绪的安定与愉快是身心和谐发展的基础，是幼儿健康的重要表现。

良好的感受和体验是幼儿形成安定、愉快情绪的基础。幼儿若能经常地、重复地体验这样的良好感受，有助于形成良好的情绪反应模式和习惯。《指南》中提出的要使幼儿“经常保持愉快的情绪”，正体现了这一基本原理，也是对幼儿情绪健康发展提出的基本目标。随着幼儿年龄的增长，成人还应逐渐引导幼儿学习和掌握将不适应的消极情绪（如生气、悲伤）转移、缓解与控制的方法，这也是促使幼儿情绪健康发展的重要途径。

专家支招

情绪控制能力是情绪智力的重要品质之一。情绪控制能力能使孩子及时摆脱不良情绪，保持积极的心态。作为家长应该怎样教孩子学会情绪管理呢？

1. 提供情绪空间，引导孩子认同自己

家庭环境对孩子的成长十分重要。家长要给孩子认同感，引导孩子喜欢自己。家长是孩子的第一任老师，家长首先要学会管理自己的情绪，不把不良情绪带给家庭和孩子，而是营造出一种温馨、安全、平和的家庭氛围。其次，还要用各种鼓励的方式来欣赏自己的孩子，让孩子产生积极的自我认同，并能自由、开放地感受和表达自己的情绪，充分享受属于自己的情绪空间。

2. 教会孩子正确认识和表达情绪的方法

要让孩子正确地认识各种情绪，可通过亲子之间的对话，引导孩子说出自己心里当下真实的感受。平时，家长可以在自己或他人情绪产生时加以引导，例如告诉孩子“爸爸很生气”“我很感动”等，让孩子知道原来人是有这么多种的情绪；还可以通过句式“爸爸很生气，因为……”“我很感动，因为……”来告诉孩子家长的情绪来源。同时，家长也可以反问孩子：“你是什么感觉啊？”“妈妈看见你很生气、难过，能告诉我发生了什么事吗？”用对话来引导孩子表达自己的情绪及查找自己情绪产生的原因，孩子的情绪敏感度会大大提高。

3. 教会孩子洞察他人情绪，体验情绪

幼儿的心理发展过程中，游戏起着十分重要的作用。因此，家长要充分利用游戏活动，让孩子体验自己和他人的情绪，知道了解自己和他人的需要。除此之外，家长还可以通过讲故事、编故事、讨论故事情节和人物性格、角色扮演等方式来引导孩子换位思考，设想别人的需要。在这个过程中，孩子会逐渐在表达与控制情绪之间取得平衡，领悟到积极的情绪能够让自己和他人快乐，而消极情绪会给大家带来痛苦。

4. 教会孩子乐观面对生活

积极的情绪是成功的出发点，是生命的阳光和雨露。积极的情绪有助于人们克服困难，使人看到希望，保持旺盛的进取斗志。因此，学会保持乐观的生活态度与情绪，对孩子来说就格外重要。家长要把孩子培养成有健康积极情绪的人，首先自己得成为这样的人，对生活要有乐观的态度，才能向孩子传递正能量。家长行为直接影响孩子的情绪，与孩子相处时，家长必须保持乐观情绪。在教育孩子学会乐观地面对人生时，除了多与孩子交流、培养孩子的自信心之外，还有一个很重要的方面，就是家长要相信自己的孩子，给予鼓励和支持，更重要的是要帮助孩子进取，帮助孩子克服一些他当下克服不了的问题和困难，只有这样，才能教会孩子用正确的态度和措施保持乐观。

（苏艺森/文）

家长如何把握爱与规矩之间的平衡呢?

家长困惑

很多家长认为，过于溺爱孩子容易养成孩子的娇气、任性与自私的不良品质，而过于严格要求又会妨碍孩子个性的发展与兴趣的培养。家长怎样把握好爱与规矩之间的平衡呢?

家教剪影

凯凯出生后，妈妈和爸爸想让凯凯成长为一个主动、大胆的男子汉，所以平时对他约束较少，希望他通过自己的探索来认识世界和社会。凯凯 3 岁时已经会主动帮妈妈做一些力所能及的事情。但也经常调皮捣蛋，如曾经拿着扫帚试图把挂在高处的一幅画捅下来，也曾经把鱼缸里的金鱼抓出来扔在地上，就站在那里观察。凯凯在小区里跟小伙伴玩时，看见小伙伴拿的玩具会抢过来。他自己的玩具也会跟小伙伴一起玩，但是玩后却不知道带回家。妈妈觉得他是小孩子，小孩子之间可以自己学会怎么处理这些问题，所以没怎么说他。凯凯上幼儿园后，老师经常反映凯凯不守规矩，而且小朋友也不喜欢和凯凯玩。

连线《指南》

《指南》提出:“家庭、幼儿园和社会应共同努力，为幼儿创设温暖、关爱、平等的家庭和集体生活氛围，建立良好的亲子关系、师生关系和同伴关系，让幼儿在积极健康的人际关系中获得安全感和信任感，发展自信和自尊，在良好的社会环境及文化的熏陶中学会遵守规则，形成基本的认同感和归属感。”这些内容反映了对家庭、幼儿园、社会在培养幼儿社会性发展方面的要求。作为家长，对幼儿应爱之有度，将关爱与规则的培养结合一起，促进幼儿的健康发展。

现在有的幼儿生活在爱的怀抱，家长对其放任不管、纵容溺爱，导致孩子任性、自私，做事没有责任心，形成了不良的个性行为，影响幼儿将来的成长。这些现象让人担忧，这无论是对幼儿将来自身的成长，还是对国家、社会、家庭都是有害而无益的。家庭对幼儿个性发展起着决定性的作用，幼儿的兴趣、爱好、能力、性格差异，与家庭的教育环境特别是家长的教育观、教养行为等家庭因素密切相关。

专家支招

爱和规矩，其实有着同样的作用。当我们教育孩子的时候，这两者一定要并重。爱与规矩相结合的教育，能够把我们的孩子教育成适应社会、有自信、有安全感的人。

“家教剪影”中的凯凯把画捅下来、把缸里的金鱼抓出来扔在地上、抢别人的玩具等一些过激的行为，没有尊重别人的拥有权和动物的生命权，他的探索触犯了基本底线。由于长期缺乏合理规矩的约束，凯凯来到幼儿园必定适应不了集体生活。凯凯过度自由的行为引起同伴的排斥，最终导致凯凯走向极端：在集体生活中沉默寡言、没有成就感、缺乏主动性、没有朋友。所以在孩子自由成长的过程中应让他体验到规矩存在的重要意义。那么，应该如何把握爱与规矩之间的平衡呢？

1. 家庭教育的关键在于“做规矩”

“做规矩”就是要在家庭里树立一套准则，让孩子知道什么是该做的、什么是不该做的，并且培养孩子自我控制的能力。家长要遵守社会行为规则，为孩子树立良好的榜样。家长先给自己“做规矩”，再对孩子“做规矩”。对孩子的规矩应该建立在充分尊重孩子独立人格的基础上，有效地引导孩子，而在孩子能够独立时，就适度撤出，减少控制，发展孩子的自主性，淡化权威，成为孩子的朋友，共同建立规矩。

2. 家长的角色，在爱与规矩中寻找平衡点

一般把家长教育孩子的方式分为四种基本类型：权威型、专制型、放任型和忽视型。前两种类型的家长对孩子严格要求，属于高控制的教养方式。后两种类型的家长倾向于不提要求，但由于没有规范或监管不力，这样教育环境下长大的孩子很少替别人考虑，缺乏责任感，藐视权威。权威型是一种民主的、最佳的教养类型。这类家长在行使权威时表现为：向孩子提出合理的要求和限制，并要求遵守；对孩子良好的行为给予支持和肯定，对不良行为表示不快；对孩子表现出热忱和爱心，尊重孩子的意见和观点，鼓励孩子表达自己的想法并与孩子共同讨论问题。这种高控制、情感上接纳和温暖的教养方式，可以使孩子心情愉悦，善于自我控制和解决问题。权威型的家长一方面管教孩子，另一方面也尊重孩子，像朋友一样倾听与沟通，建立信任和理解的关系。真正的规矩是体现爱的规矩，真正的爱是有规矩的爱。因此，家长需要了解自身在儿童教养方面的类型特点及其在社会文化体系中的适应性意义，在爱与规矩中寻找平衡点。此外，规矩需要一致，即家长之间的一致、不同时间的一致。

让我们在爱和规矩的中间找到一个平衡点，把孩子培养成为一个适应社会的、自信的、健康的人。

（王燕娇/文）

孩子被欺负了怎么办？

家长困惑

当孩子被欺负了，有些家长会不理智地帮孩子解决问题。其实孩子上幼儿园后与同伴交往的机会越来越多，交往中的冲突和矛盾也随之增多，当双方的力量不对等时，处在劣势一方的孩子就免不了要受欺负。家长在孩子人际交往教育的过程中该充当什么样的角色？孩子被欺负了该怎么办？

家教剪影

阳阳是个内向的孩子，平时不爱说话。有一天，阳阳在操场上玩，妈妈在门口观察孩子的活动情况。只见活泼好动的小明跑过来跟阳阳搭话，阳阳

不理小明。小明又缠着阳阳要和他一起玩，阳阳狠狠地瞪了对方一眼，还是不愿意和他一起玩。喜欢用暴力解决问题的小明急了，开始抢阳阳的玩具，并动手打了阳阳。阳阳的妈妈看到这一情景，着急地在门口大声叫喊："你这孩子怎么可以打人！"场地上的阳阳听见了，哭喊着跑过来找妈妈。妈妈对他说："你这个傻瓜，别人打你，你不会还手吗？去，去打他！"……

连线《指南》

《指南》中提出：人际交往和社会适应是幼儿社会学习的主要内容，也是其社会性发展的基本途径。幼儿在与成人和同伴交往的过程中，不仅要学习如何与人友好相处，也要学习如何看待自己、对待他人，不断发展适应社会生活的能力。

《指南》明确提出了关于幼儿人际交往的阶段目标之一：小班——"与同伴发生冲突时，能听从成人的劝解"；中班——"与同伴发生冲突时，能在他人帮助下和平解决，不欺负弱小"；大班——"与同伴发生冲突时能自己协商解决；不欺负别人，也不允许别人欺负自己"。

《指南》的"教育建议"中提到：当幼儿与同伴发生矛盾或冲突时，指导他尝试用协商、交换、轮流玩、合作等方式解决冲突。

专家支招

在常人眼里，孩子间发生冲突是很稀松平常的小事，但在家长眼里，看到自己的孩子受人欺负心里总是不好受的。幼教专家总结了日常幼儿园教学实践经验，认为当孩子在幼儿园受欺负时不能一味强调强硬反击或者一味忍让，应将常规的教育及灵活多变的处理方式相互结合。

1. 要分析孩子受欺负的内在原因

孩子受欺负的原因有以下几种：一是对人际关系和沟通方式没有把握好；二是遇到问题喜欢退缩，不能积极面对，不懂得寻求外援力量；三是不能坚持自己的原则，不能明确是非；四是胆子比较小，害怕遭到报复，因而被人欺负时不敢反抗。

2. 正确看待孩子的被欺负

当孩子被别的孩子欺负时，家长切莫头脑发热急于出面为孩子撑腰，一定要了解其中的缘由后再确定应对之策。孩子受欺负，可能原因在于别的孩子太霸道，也可能是因为自己孩子惹恼了别的孩子，应找清事因，分析出根本的解决之道。如果是因为别的孩子太霸道、太无理，可以让孩子学会维护自己的权益。当然，在教育孩子反击无理的欺负时，要注意适度、适量，不能太过分，以免让孩子滋生暴力的性格倾向。适当的反击一般会让不讲道理的孩子却步，但过分地强调强硬，则会起到适得其反的作用。如果是因为自己的孩子太调皮了，则要从自身找原因，做好自己孩子的教育工作。

3. 注重与幼儿园保教人员的沟通

当孩子在幼儿园受欺负时，一定要注意与老师的沟通。家园共育永远是孩子成长的中心点，要及时将有关情况向老师反映，让老师做好日常的教育工作。

4. 重视培养孩子性格中坚强的一面

当孩子受到别人欺负时，一味强调忍让，会让孩子觉得自己的家长无法保护自己，会让孩子滋生怯懦的心理，遇事会一味退让，无法塑造坚强的性格。因而，建议家长不要过多强调“忍让式”的教育。现代社会充满竞争，最需要坚强的性格。在教育孩子应对此类事件时，可以这样引导孩子：“我们不欺负别人，但也不能被别人欺负。”

（吴巧玲/文）

孩子胆怯，不敢表达，该如何引导？

家长困惑

有的家长会发现，孩子在与同伴交往或与别人有分歧时，有时会由于胆怯而不敢说出自己的看法。对此，家长该如何引导呢？

家教剪影

亮亮和凡凡在小公园里玩角色游戏，正开心地扮演医生、护士的角色，凡凡在急诊室当医生。这时急诊室响起急救电话铃声，凡凡接完电话拿起药箱准备出诊。护士亮亮跑过去抢走小药箱并大声说："你留在医院，我去。"凡凡睁大眼睛看着亮亮，呆呆地低着头站在原地生闷气，不一会儿号啕大哭起来。

连线《指南》

《指南》的“社会领域”在人际交往中提出的目标为：愿意与人交往；能与同伴友好相处；具有自尊、自信、自主的表现；关心尊重他人。要达到以上目标，作为教师或家长，日常生活中要关注幼儿的感受，以平等的态度对待幼儿，在保证安全的情况下，支持幼儿按自己的想法做事。鼓励幼儿自主决定，独立做事，增强其自尊心和自信心。家庭、幼儿园共同努力，为幼儿创设温暖、关爱、平等的家庭和集体生活氛围。

专家支招

作为家长，一定要鼓励孩子坚定大胆地说出自己的想法。一些家长偏向于塑造孩子乖巧听话的一面，教育孩子要听老师、家长的话，但是孩子太过听话却会抹杀他们的个人主见和看法。听话在某一方面来说是正确的，学会配合与倾听是必要技能，但是万事都听别人的，没有自己的想法与主见，孩子就会慢慢地产生依赖与懦弱的性格。孩子大胆地说出自己的想法，敢于表达自己的看法，他的心理状态就会健康、明亮，而不会压抑自我。偏于内向的孩子，一直不敢表达自己的想法，碰到挫折与分歧，容易压抑、赌气、生闷气，久而久之容易积累成心理问题，形成怒而不敢言、悲而不知言、伤而不懂言的状态。

那么，怎样引导幼儿大胆地说出自己的想法呢？

1. 尊重幼儿

营造民主的家庭氛围是家长尊重孩子的想法与看法的前提。在家庭当中，孩子有权参与家庭事务与生活决策，在日常生活中鼓励孩子大胆表达自己的看法与主张。家长不应因孩子太小而轻视他的想法，可以从细小的事情做起，慢慢地引导与培养，孩子就会养成敢于表达的习惯。

2. 多倾听，少指令

倾听是人与人之间沟通的前提。家长应先听听孩子的想法，了解孩子这么做的原因是什么，不妄加批评，因为简单化的批评、责备会打击孩子表达的愿望。当孩子表达后，家长对于孩子好的想法加以鼓励与强化，对一些不好的想法适时加以引导，在这种沟通、协商的氛围中孩子会欣然接受家长的建议。

3. 勇敢面对困难

家长应引导孩子在人际交往中积极面对冲突，而不是选择逃避、迎合来压抑自己的感受。冲突每时每刻存在，逃避、害怕、迎合都不是好办法，关键是让孩子学会面对冲突，运用技巧去化解。有些内向的孩子害怕面对冲突，怕争不过人家，遇到跟别人竞争的时候马上就先放弃了，长此以往就会形成自卑的心理。“家教剪影”中两个小朋友在一起游戏，一个人不遵守规则，另一个就站在一旁生闷气不肯再玩，这时这个孩子应该怎么办？最好的办法是鼓励这个孩子大胆表达自己的想法，可以说：“你不遵守规则，这样就玩不下去了。我也不愿意跟你玩了，除非你遵守规定。”说出自己的想法，与不遵守规则的孩子协商，也可以向家长表达想法，这总比生闷气好。

（陈伟芬/文）

孩子“忘性大”怎么办？

家长困惑

“为什么我每次反复叮嘱了许多遍，孩子还是记不住？”“我的孩子很聪明，但就是忘性大。”……生活中常常听到家长们有这样的困惑。

家教剪影

小方是幼儿园大班的小朋友，今天放假在家。妈妈要出门买点东西，出门前叮嘱说：“小方，妈妈要去超市买一些东西，你自己呆在家里哦！妈妈很快就回来了。”小方：“好的，妈妈。”妈妈：“你在家可以看看图书，玩玩玩具，但不能看电视哦！”小方：“知道了，妈妈，你都说了好多次了！”“那你看完书，要把书放回

书架上，玩具不玩时也要放回玩具箱。知道了吗？”“知道了！”妈妈不放心，又说：“你说说看，你要做什么，什么不能做？”小方不耐烦了，说道：“妈妈，你不用说了，我都知道了！”妈妈：“对了，桌子上有一杯水，你一会要把它喝了哦！”妈妈见小方不出声了，又把几件事情重复吩咐了一遍才出门。两个小时过后，妈妈从超市回来，打开门一看，只见小方正在电视前津津有味地看着动画片，旁边图书和玩具扔得满地都是，桌子上的水一口也没喝。看到这个情况，妈妈气得不行，责问小方：“你为什么不按妈妈说的去做呢？”小方：“我忘记了！”妈妈不禁长叹：为什么反复叮嘱了那么多遍，孩子还是记不住呢？

连线《指南》

3～6 岁的幼儿处于语言发展的关键期，口语交流能力的培养是幼儿语言学习的重中之重。幼儿需要学习倾听、理解交流者的语言，并且在不同的社会交往情境中通过语言来表达自己的想法。倾听是感知语言的行为表现，也是重要的理解语言的途径。只有懂得倾听、乐于倾听并且善于倾听，才能真正理解语言的内容。良好倾听习惯的养成是从学前阶段开始的，因此，就幼儿语言学习和发展而言，倾听是不可缺少的一种能力。

《指南》在“倾听与表达”中提出了“认真听并能听懂常用语言”的目标：3～4 岁幼儿在别人对自己说话时能注意听并做出回应，能听懂日常会话；4～5 岁幼儿在群体中能有意识地听与自己有关的信息，能结合情境感受到不同语气、语调所表达的不同意思；5～6 岁幼儿在集体中能注意听老师或其他人讲话，听不懂或有疑问时能主动提问，能结合情境理解一些表示因果、假设等相对复杂的句子。《指南》的目标，实际上是要求幼儿在语言学习与发展中学会有意识地倾听别人所说的话，分析性地倾听交流的信息，同时形成理解性的倾听语言能力。

专家支招

有效地引导孩子倾听别人的话，专家给出以下几点建议：

1. 眼神的交流很重要

当你与孩子说话时，请蹲下来或抱起你的孩子，眼睛看着孩子。眼神接触是最关键、有效的方式，能帮助孩子养成与人说话时注视对方的习惯。

2. 用简单的语言表达

家长的话最好能准确、简洁地表达，不要啰哩啰唆，拖泥带水。“家教剪影”中，家长出门前其实只要告诉孩子：“妈妈要出门了，你一会儿把水喝了，然后看看图书或玩会儿玩具，最好不要看电视。相信妈妈不在你一样会做得很棒的，对吗?”说话的态度和所说的话一样重要。

3. 加上肢体的提示

家长说话时加上适当的肢体提示，有利于帮助孩子接受你的意见，尤其是在你想让你的孩子从他感兴趣的活动中离开的时候。比如孩子该睡觉了，可以给个肢体的提示，把你的手放在孩子的肩上，让孩子的注意力从玩具转移到你身上，孩子会乐意接受你的建议。

4. 借助情境说

如果你在早餐桌上坐在孩子旁边提醒孩子吃玉米片，或在晚上靠在孩子的床边告诉孩子应该睡觉了，孩子会更加仔细地聆听。

5. 积极性的刺激

当你和孩子说话时带有幽默感，富有表情和信任，孩子会愿意听你说的。例如在一些场合用一些比较可爱的声音或者是歌声来代替你的建议，你可以唱“刷牙的时间到了”。也可以许以适当的有意义的奖励：你做好了这些事情，妈妈回来了就带你去看电影。孩子按要求做好的事情，应给予肯定，如“你把玩具送回原位，干得不错”或者“妈妈出门时你在认真地看书，你做到了”。描述孩子的正面表现，以积极、正面的方式鼓励孩子，孩子能更好地与家长合作。

6. 做一个好的榜样

家长是孩子身边的聆听者，孩子会效仿家长的行为。当孩子和家长说话的时候，家长要看着孩子，礼貌地回应，不要打断孩子的话。当孩子与家长说一些看起来很离谱的话题时，不要不耐烦，不要走开或者背对着孩子，养成聆听孩子说话的习惯，对于孩子倾听习惯的养成是很有帮助的。

（陈燕雯/文）

如何让逆反期的孩子听话呢？

家长困惑

孩子2岁多了，越来越不听话，真是越大越难管，常常赖床、不洗脸，宁可尿裤子也不上厕所，就是明摆着跟家长对着干。对于逆反期的孩子，家长应该怎么做呢？

家教剪影

“不要，不要穿衣服！”还没有起床，就听见芳芳大声地对妈妈吼叫着。这一段时间听到芳芳说得最多的词就是“不要”。只见她紧紧地闭着嘴巴，把脸藏在手臂里，躲藏着不肯穿衣。尽管讲尽道理，使用威逼利诱等各种方法都不奏效，最后只能以武力相加，逼其就范。

连线《指南》

《指南》“健康领域”中关于“能较快融入新的人际关系环境”、“科学领域”中关于“探究中能与他人合作与交流”等学习与发展的目标，都和幼儿的社会性发展有着密切的关系，同时也说明了幼儿社会性发展的重要性。

“社会领域”的学习其实就是幼儿“社会性不断完善并奠定健全人格基础”的过程，说到底，是“学做人”“学会共同生活”的过程。“做人”和“共同生活”所需要的基本素质不只是表现在社会领域的各种活动中，也必然表现在其他领域的活动中。把“能较快融入新的人际关系环境”作为“健康领域”的学习与发展目标，主要是从心理健康的角度来考虑的，因为幼儿的情绪状态是与人际关系密切相关的，能较快融入新的人际关系环境，意味着安全感、信任感的建立，也意味着情绪的安定。幼儿良好心理素质的养成和积极情绪的疏导、培养，有利于幼儿的终身发展。

专家支招

孩子在成长中一般都会经历逆反期的三个阶段，时间大致为：

第一阶段：宝宝逆反期（2～3 岁）；

第二阶段：儿童逆反期（6～8 岁）；

第三阶段：青春逆反期（14～17 岁）。

幼儿两三岁时（时间可能会提前或推后，因孩子的实际情况而定），由于其自由活动的能力增强，各方面知识不断增多，逐渐表现出独立的愿望，虽然能力不强也要自己动手干，变得不太听话。这是一种意志的自我表现，心理学上称此为第一反抗期。孩子的逆反在某种程度上说明孩子长大了，开始有自我意识了，家长应该为孩子的成长感到骄傲。面对孩子的反抗，家长不能一味地去反对和制止，只有正确了解孩子反抗背后的原因，才能“对症下药”。

1. 理解孩子，尊重孩子

在孩子开始跟父母说“不”的时候，就是他们建立自我和自尊的第一步。孩子还不知道事物的对与错的时候，他们都会去尝试，因此父母应该帮助他们建立“我”的概念，明确生活中的行为规范必须遵从，同时帮助他们认识伤心、快乐、嫉妒、害怕等各种情绪，并用正确的方式表达、宣泄。此外，家长对孩子的行动不要轻易加以干涉，要以平等的态度来征求孩子的意见，给孩子留有选择的余地，鼓励孩子按照自己的想法去参与活动。这样孩子会觉得家长尊重他，也就不会轻易跟你说反话了。

2. 与孩子沟通注意技巧

孩子之所以表现出顽强的“反抗性”，其根本原因是想独立。表面上看起来是在与家长作对，但孩子的内心仍然需要家长的情感支持和适时鼓励。家长在给孩子提要求的时候，可以使用选择性的语句，如孩子不肯画画，家长可以问孩子：“你是想先画画，还是先拼图?”这样孩子能够感觉到做事受到尊重，有自主选择的权利。家长要尽量使用正面的肯定句，如想让孩子小心一点，可以说“轻轻地把碗端起来”，不要说“不要把碗打破”。

3. 应平静、耐心对待孩子的负面情绪

对孩子的不合理要求和不当行为要坚决而平静地制止，尤其是孩子情绪激动火气大的时候，家长务必采取冷处理，让孩子慢慢“降温”。不用讲很多道理，也不要过多关注孩子的表现（不要哄劝或威胁），更不要以喊叫的方式对待孩子，可给予必要的冷落，并坚持到孩子自己觉得无趣、停止哭闹为止。孩子发火的目的更多的是想要吸引家长的关注，同时也想检验一下这一招灵不灵。如果家长这时理会孩子，恰恰中了孩子的“圈套”，孩子会感觉这招奏效，以后会变本加厉。相反，如果家长采取冷处理的方式，会让孩子讨个没趣，迫使孩子作出调整。这一点家庭成员之间一定要保持一致。

4. 正确地评价孩子

要对孩子做出正确的、具体的、有分寸的评价，多对孩子进行正面鼓励和引导，强化其正确的做法，注重精神奖励，少用物质奖励。不要对孩子进行指责，不要说“你怎么这样任性”或“你简直无可救药”之类的话，更不能语言威胁，如“你再这样，妈妈就不要你了”，指责、威胁孩子容易使孩子形成负面的自我评价，自信心会受伤害。

逆反是每个孩子成长过程中必经的阶段，家长只有多学习科学育儿知识，积极帮助、引导孩子，同时及时调整自己去适应孩子的变化，才能真正实现和孩子一同长大的目标。愿家长们都能以开放、包容、平和的态度和孩子一起度过逆反期，让孩子的明天更美好！

（庄婉瑜/文）

教育篇

孩子遇到困难就退缩怎么办？

家长困惑

日常生活中，常常听到家长们抱怨自己的孩子：不管做什么事，只要遇到一点困难，要么说“我不会”然后放弃，要么不假思索地求助于大人，缺乏面对困难应有的勇气，也缺乏自信。如何有效地提高孩子的自信心，能勇敢地面对各种困难并积极想办法解决？

家教剪影

傍晚，乐乐一回到家，妈妈就问：“乐乐，今天老师要你们回家做什么？”乐乐说：“老师说今天要画画自己的妈妈。”妈妈拿来了纸张和笔，对乐乐说：“你可以开始画了。”说完，妈妈就忙着做饭去了。乐乐坐在桌子前，转了转笔、翻了翻纸张，迟迟不能下笔。过了一会儿，妈妈走过来问：“你怎么还不画呀？”“我不会画。”“你看，妈妈的脸是圆圆的，头发是长长的，喜欢穿裙子……”说完，妈妈又去忙自己的事情了。过了五分钟，当妈妈再次回来的时候，乐乐仍然还没有动笔……

连线《指南》

为什么《指南》要将“具有自尊、自信、自主的表现”作为“社会领域”的重要目标？自尊、自信、自主能让幼儿充分地体验和享受学习的乐趣，形成良好的习惯、探索的兴趣、快乐的情绪，有效地促进幼儿的学习发展和生命成长，为他们的终身学习、可持续发展奠定基础。自尊、自信、自主能力的培养，必须在良好的社会交往中才能实现，因为社会交往是幼儿形成对他人、对自己的认识和态度的重要途径。他们在社会交往中通过他人对自己的态度和评价，形成自我认识和自我评价。美国社会学家和社会心理学家库利曾经说过：“在某种意义上，自我概念是他人反馈的函数”。因此，《指南》在“社会领域”的“人际交往”这一子领域中提出“具有自尊、自信、自主的表现”的发展目标，把它作为 3～6 岁儿童发展的社会性主要内容。家长应该努力为孩子创设良好的交往环境，让孩子在交往中逐步形成对自己的正确评价，提高自信心。

专家支招

孩子遇到困难为什么会退缩呢？原因主要有两方面：一方面是家长对孩子的要求太高，当孩子达不到自己的要求就责怪或打骂，孩子从家长那里得不到应有的肯定和鼓励，也没有体验到成功的快乐。慢慢地，他们从成人否定的评价中形成负面的心理暗示，感觉自己什么都不行。另一方面是家长包办太多，孩子没有实践的机会，凡事都由大人代劳，主意都由家长来提，在他们的眼里很多事情都只有大人才有能力完成，只有大人说了才算，因此，碰到困难要么就直接放弃，要么求助于大人。久而久之，孩子缺乏应有的自信，变得懦弱、没有主见。因此，作为家长，要培养孩子自信自主的能力。

1. 找寻长处，正面鼓励

休谟说过：“一个人不论有什么天赋才能，如果他自己都不清楚自己具有这种才能，不能形成适合于自己才能的计划，那种才能对他就完全无用。”每个孩子身上都有不同的闪光点，只是很多家长把孩子学习以外的优势都忽略了。因此，我们要以欣赏的眼光发现孩子身上的优点和长处，并给予充分的鼓励和肯定。切忌“哪壶不开提哪壶”，揪着孩子的缺点不放，随意数落孩子，或者拿自己的孩子与别人的孩子去比较。比如，孩子在幼儿园得到了一朵小红花，家长可以与孩子一起分析：今天吃饭很快吧，老师表扬你了；还是在幼儿园帮助小伙伴了，老师奖给你一朵红花……帮助孩子发现自己身上的优点和长处，让孩子在肯定声中形成正面的心理暗示，从而正确评价自我，逐渐增强自信心。

2. 降低要求，及时肯定

家长要针对孩子的实际提出适宜的要求，让孩子经过努力能够完成任务，实现预定的目标，从中感受到成功的快乐。反之，如果家长制定的目标过高，孩子怎么努力也无法达到家长的要求，那么，他们将在过多的失败体验中，对自己的能力产生怀疑，失去信心。因此，家长首先应该改变自己过于追求完美的态度，降低对孩子的期望值，让孩子完成一些力所能及的事情，如帮助大人拿鞋子、提书包、摆碗筷……并针对孩子所做的事给予及时的肯定和鼓励，让孩子在一次次鼓励中逐渐肯定自我，树立自信。同时，家长还要给孩子实践的机会，让他们完成一些自我服务的任务，而不要包办代替，如自己穿衣服、穿鞋袜，自己吃饭……自己的事情尽量自己做，不依赖别人，并在一次次实践中提高能力。

3. 耐心倾听，采纳意见

很多家长认为孩子小、不懂事，所有的事情都是家长说了算。慢慢地，孩子什么事都等家长来拿主意，在他们眼里，只有大人的决定和判断才是正确的。其实不然，家长可以根据孩子的实际，倾听孩子的意见和想法，让孩子有做决定的机会。如：周末去哪里玩，去哪个小伙伴家串门，出门穿什么衣服，头发扎什么样子，买什么样的书包……在这些问题上，家长完全可以听取孩子的意见，按照孩子的想法去做，从而让他们感受到成人的尊重和信

任。随着孩子能力的提高，家庭中一些事情的决定可以听听孩子的意见，如孩子房间的装修，家具、窗帘的选择……慢慢地，孩子将更加自信，更加有主见，一旦遇到困难也就能够积极思考，主动想办法来解决。

总之，家长必须从小培养孩子的自主意识和自信心，对孩子提出适宜的目标任务，给予他们实践的机会，获得成功的体验，进而有信心、有能力去面对各种困难与挑战。

（刘雪芬/文）

孩子哭闹时家长怎么办？

家长困惑

孩子有时候遇到挫折，会不停地哭；有时候达不到目的，会发脾气；有时候固执己见，不讲道理……作为家长应该怎样引导呢？

家教剪影

小明 3 周岁，平时喜欢拼花片。有一天他拼完一架飞机，高兴地飞给妈妈看，飞机却中途散架了。“坏了，坏了”，他大哭大叫起来。妈妈说：“没关系、没关系，我们再拼一架。”“不要，不要。”小明越哭越大声……

还有一次，他想用花片拼“甜圈圈”，拼了一会儿，突然大喊大叫起来，并把花片扔了一地……妈妈看到花片撒了一地，急忙问：“怎么啦？”他不停地哭，哭得嗓子都哑了……妈妈不知所措，真是很苦恼。

连线《指南》

《指南》中提到：家长要保持良好的情绪，以积极、愉快的情绪影响幼儿。在影响和改变孩子的过程中，家长常常忘记了孩子是有情绪的，也忘记了自己是有情绪的。如果家长不调整好自己和孩子的情绪就直接处理问题，往往易导致问题无法解决，或收不到好的效果。

随着幼儿年龄的增长，成人应该逐渐引导幼儿学习和掌握将不适当的消极情绪（如哭闹、生气、悲伤）转移、缓解与控制的方法，这是促使幼儿情绪健康发展的重要方面。

专家支招

孩子较容易因为环境的变化、亲子分离、心理冲突等原因而出现较大的情绪波动，并较难控制。这就需要家长去了解他们，理解他们的内心感受，并帮助他们逐渐缓解和转移不良情绪。

1. 接纳孩子的不良情绪

家长要了解哭是一个行为，行为的背后是情绪，情绪的背后是感受。对于孩子来说，要用语言来描述自己的感受，是一件困难的事情。当家长在追问的过程中，他又会很着急，因为他回答不出来，所以就会叠加更多的负面情绪，他唯一能做的就是哭个不停。家长此时应接纳孩子的情绪和感受。接纳情绪可通过语言表达，如："妈妈看到你在不停地哭，你一定有一些不好的感受，如果你觉得哭出来就舒服的话，那你就哭吧。""如果你觉得可以了，你也可以告诉妈妈是什么东西让你不舒服（不高兴），妈妈可以帮助你。"……

接纳情绪是一种感同身受，是一种同理的状态，了解到那种情绪在自己身上也会发生，然后升起一种悲悯之心。悲悯之后就是无条件地爱与接纳，此时自己的心和孩子的心连接在一起，孩子的负面情绪非常奇妙地就会被化解，负面行为自然消失。

2. 与孩子进行有效沟通

在面对孩子哭闹或发脾气时，要接纳孩子情绪并与孩子有效沟通，首先应处理情绪，其次是沟通并解决问题。

孩子在自己不能完成一件事的情况下（如“家教剪影”中提到的案例），很容易产生畏难的情绪，就会通过哭闹来发泄。家长可以跟孩子沟通，跟孩子说：“我看到你现在在大喊大叫，我想你是遇到困难了，所以不开心，这是正常的，但是哭闹是不能解决问题的。我们来看看，有什么办法可以解决问题。每件事有三种以上的解决方法，刚才你哭闹是第一种方法，问题有解决吗？没有，对吗？那么有第二种方法吗？如何解决呢？还有吗？……”可以让孩子发散思维，多想几种方法，告诉他妈妈会陪在身边，最后选择一种他提出的方法，通过共同完成的方式引导孩子最终解决问题，此时可以以拥抱的方式表现妈妈的爱和赞赏。

有效沟通，协助孩子解决问题，是家长帮助孩子处理负面情绪的关键。

（吴慧慧/文）

孩子犯错该如何惩罚？

家长困惑

生活中许多家长常会为了孩子闹情绪而伤透脑筋，面对孩子无理要求以及打架等不当的行为，家长是不是应通过给予处罚让孩子了解他的这些举动是不对的？有哪些处罚方法可以让孩子得到反省和警惕，下次不再犯同样的错呢？这是否违背了《指南》的精神？这个惩罚的度应该把握在哪里呢？

家教剪影

朵朵经常无理取闹，到超市就要买这买那，不给买就坐在地上哭闹。到别人家去就乱翻乱动，还会到人家沙发上乱蹦，无论家长怎么说，都听不进去，甚至还咬人，以武力来达到目的。一天，朵朵拿起家里的剪刀把邻居家萱萱妹妹的头发剪掉了一大撮。妈妈看见了急忙制止，并问她缘故，朵朵回答道：“人的头发剪掉会再生出来，有什么关系，我试试看。”

连线《指南》

《指南》中的“社会领域”已经明确指出，“幼儿的社会性主要是在日常生活和游戏中通过观察和模仿潜移默化地发展起来的”。奖励和惩罚也是社会学习的重要方式。在社会学习过程中，幼儿的行为往往会产生不同的结果，并伴随不同的情感体验，这些结果和体验会对其行为产生一定的影响。一般而言，带来益处和愉快体验的行为会得到增强，带来坏处和消极体验的行为会减弱甚至消失。改变幼儿行为的结果和体验可以是直接的，即自己亲身感受的（如自己经常争抢玩具而被同伴孤立），也可以是间接的（看到小朋友因帮助别人而受到大家的赞赏）；可以来自外部（如成人的表扬或批评），也可以是自我强化（如同伴一起游戏时的快乐，做了好事之后的自我满足感和自尊感）。

专家支招

在社会大力提倡赏识教育的今天，谈家庭教育中的惩罚多少有点不合时宜。然而，惩罚作为一种教育手段、一种微妙的家教艺术，在孩子成长道路上，却又实实在在难以避免。教育专家孙云晓认为，没有惩罚的教育是残缺的教育。由此看来，作为一个负责任的家长，适当惩罚孩子是爱的表现，也是规范孩子行为的有效手段。那么，怎样惩罚孩子才能起到良好的教育效果呢？

1. 让孩子明白为什么被罚

现代教育理论认为，惩罚只是一种劣性条件刺激，其有效的时间较短，不能持久。很多时候，受罚的孩子改正了错误却没有明白事理，所以以后还有再犯的可能。因此，让孩子明白自己受罚的原因才是根除错误的关键，在惩罚孩子前，家长要跟孩子讲清楚为什么惩罚他。惩罚后最好强化一次，确认一下孩子是否记住了自己错在哪里。

2. 合理把握惩罚的度

因为家长惩罚孩子的目的是为了孩子的良性转化，所以，合理掌握惩罚的度就显得尤为必要。惩罚过重容易引起孩子的对抗情绪，轻了又不足以使孩子引以为戒。教育家洛克说："儿童第一次应该受到惩罚的痛苦的时候，非等完全达到目的之后，不可中止，而且还要逐渐加重。"其中的道理耐人寻味。

3. 惩罚要循规

为了让惩罚有规可依，家长应事先跟孩子协商制定一个奖惩规则，让孩子知道犯错后将受到什么惩罚。这样，孩子平日就会有所注意，从而减少犯错误的概率。当孩子犯错后，家长还应注意调整自己的情绪，不要因一时冲动而随意惩罚孩子。若是孩子以后犯了同样的错误，也应该按规则进行和以前相同的惩罚，这样家长才能在孩子心中树立威信。

4. 给孩子指明"出路"

由于孩子小、经验少，当孩子做错事情时，家长要告诉孩子改正错误的具体方法，给孩子指明"出路"，让孩子改错有明确的目标，效果才更明显。家长要态度明确，跟孩子讲清楚他应该怎么做、达到什么要求或标准，否则有什么样的后果。孩子经过对自己不当行为的反思之后，通过改错重新恢复原来的自信。当孩子以后再犯错误或做了后悔的事情，他就会想办法把过失弥补回来，而不会一味谴责自己"我真没用"。家长千万不能含糊其辞甚至让孩子"自己去想"。同时，惩罚孩子不能半途而废，应要求受罚的孩子做出具体的改错反应才能停止。此外，惩罚一定要兑现。一旦家长说了不做，就会让孩子觉得父母"雷声大雨点小"，孩子的负罪心理也会随着父母的不重视而削弱，收不到任何教育效果。

总之，爱是家教的唯一线索，合理的惩罚要从爱出发，以爱结束，以帮助孩子学会正确处事为基准，以养成孩子良好习惯为目标。

（毛丹萍/文）

家长如何形成统一的教育方法或口径？

家长困惑

家庭成员之间存在的年龄差异、文化差异、教育认知差异，常常导致家庭成员之间出现不同的教育方法和口径。如何进行沟通和协调，对孩子进行一致性教育，从而更好地帮助孩子成长呢？

家教剪影

小明在某省级示范性幼儿园上中班，幼儿园就在他所居住的小区里。小明一家三代同堂，爸爸妈妈忙于工作，小明主要由奶奶照看。每天早晨，奶奶都要让小明睡到自然醒，然后才急急忙忙地帮他穿衣、喂饭。爸爸妈妈觉得奶奶的做法不妥，但奶奶生气地说：“孩子还小，长大了自然就会自己吃、自己穿了！”爸爸妈妈面面相觑。小明虽小，但也看明白了一些，在家中只要奶奶在，他就坐在那儿等着，衣来伸手，饭来张口。奶奶送他上学，从家里到幼儿园只有500米的路程，奶奶也舍不得让他自己走，怕他累着，一直心肝宝贝似的抱着。直到有一天，奶奶感冒了，妈妈送小明上学，让小明自己走，他竟一屁股坐在地上，眼泪汪汪，一定要妈妈抱！

连线《指南》

《指南》的“说明”中指出，制定《指南》的目的是“指导幼儿园和家庭实施科学的保育和教育，促进幼儿身心全面和谐发展”；其作用是“通过提出3～6岁各年龄段儿童学习与发展的基本规律和特点，建立对幼儿发展的合理期望，实施科学的保育和教育，让幼儿度过快乐而有意义的童年”；其目标部分分别对“3～4岁、4～5岁、5～6岁三个年龄段末期幼儿应该知道什么、能做什么，大致可以达到什么发展水平提出了合理期望，指明了幼儿学习与发展的具体方向”；“教育建议”部分列举了一些能有效帮助和促进幼儿学习与发展的教育途径与方法。

《指南》是家庭教育中不可多得的指导用书，家长应以《指南》为依据，统一家庭成员之间不同的教育方法和口径。

专家支招

1. 提高认识、体会危害、决心改变

家庭成员之间不同的教育方法或口径会让孩子获取到不同的信息，容易使孩子迷惑且形成两面性。同时，由于教育方法不一致，孩子亦会对家长产生不同的看法与态度，认为家庭成员之间有的爱他，有的不爱他；有的会惩罚他，有的会保护他。这样状况不利于孩子形成正确观念，削弱了教育效果，导致家庭教育的失败。

2. 加强学习、找准方向、静心反思

全家总动员，学习《指南》，以《指南》为方向和依据，了解各个年龄段的幼儿应该达到的目标及要求，观察并充分了解自己的孩子，反思家庭教育

中主要存在哪些教育方法和口径的分歧，查找原因，有的放矢地去做沟通和协调工作。

3. 注意方法、清晰陈述、有效沟通

一是父母之间的沟通。父母在仔细观察孩子后，把孩子出现问题的细节告诉对方，说明你所看到的以及你的担忧，再用详细、清晰的语言说出自己的想法和要求。切不可教条式地宣教和要求，让对方烦躁，从而拒绝你的建议，达不到协调的效果。

二是与祖辈之间的沟通。与祖辈沟通，必须心存感恩，注意在语气语调上保持真诚，并以孩子的成长为共同的话题，让他们知道沟通不是为了指责谁，而是共同为了孩子的成长。与祖辈沟通，必须始终保持尊重的态度，耐心等待，让他们慢慢地在思想和行为上发生变化。

（林真真/文）

如何为即将入小学的孩子做好充分的准备?

家长困惑

《指南》中要求幼儿教育不能“小学化”,然而在应试教育的现实中,“不能输在起跑线上”“经过训练的孩子,知识和技能大大超过了没有训练的孩子”等观点,也成为一些家长的共识。有的家长甚至认为孩子提早学习小学的知识,可以为孩子将来上小学做好准备。到底应如何为即将上小学的孩子做好准备呢?

家教剪影

豆豆上的是一所省级示范性幼儿园。刚上大班时,豆豆妈妈听到周围的妈妈们讲:她们家同龄的孩子在幼儿园都学写汉字了,10 以内的加减法早就学完了。考虑再三,豆豆妈妈决定让豆豆上一个社会培训机构的“黄金识字”兴趣班。

上兴趣班以后，老师经常会布置写字的作业，可豆豆写出来的字不是歪七扭八，就是大小不一，笔顺错误甚至写反字的情况也常常出现。“你能不能好好写字啊?”豆豆妈妈很着急，豆豆却一点不在乎。妈妈要是严厉地说几句，反倒会惹来豆豆一阵哭闹。

当豆豆进入一年级学习时，一开始充满着新奇与自豪，可是没多久，就因学过一些课本上的字，缺乏学习兴趣而感到学习疲劳。老师说：“豆豆真贪玩，常常将一块橡皮、一支铅笔架起来当大炮玩，而且错误的写字姿势很难纠正。”

连线《指南》

根据《指南》精神，要求尊重幼儿身心发展规律，坚持保育和教育相结合，坚持以游戏为基本活动，严禁在幼儿园提前教授小学教育内容、进行技能强化训练等违反幼儿身心发展规律的做法，坚决抵制社会上以幼教为名进行的不科学甚至损害幼儿身心健康的活动。

握笔写字需要手、眼、脑及多感官的高度集中与相互协调作用，幼儿在学前期（即3～6岁）尚不具备握笔写字的生理基础和心理准备。他们由于小肌肉群的发育不够完善，对自己动作的控制与调节能力还比较差，因此过早握笔写字是超越其身心承受能力的，笔画自然就歪歪斜斜、字不成形。家长在家训练孩子写字不一定专业，反而会养成一些不良习惯，等入学后再让小学老师来纠正，则事倍功半。

学龄前孩子以具体形象的思维方式为主，文字是抽象性的符号，因此，孩子不能明白文字所代表的具体含义和功能，也就不能理解为什么要反复练习写字、为什么要写得那么标准的原因。如果一味逼迫孩子长时间地书写，不仅会使他们感到紧张与疲劳，还会产生厌恶心理和抗拒情绪，对其身心发展和今后的学习都极为不利。

专家支招

家长要充分认识为孩子做好入小学准备的重要性，并树立正确的“入学准备观”。入学准备的内容应是多方面的，因此，家长要从生理、心理、学习、物质上为孩子做好入小学准备。

1. 生理上的准备

要培养孩子早睡早起有规律的生活作息习惯，有意识地培养孩子的独立生活和自我管理能力，减少孩子对成人的依赖，如让孩子学会自己解决喝水、入厕、整理衣物和文具等生活问题。家长还要给孩子进行入学安全教育，如熟悉上学及回家路线，懂得遵守交通规则，知道如何过马路，有坏人威胁及时报告老师、家长等。

2. 心理上的准备

家长要从正面引导孩子，使他们对上学充满期待。日常生活中，要让孩子从言谈中感悟到“上学是自己和全家的一件大事”，唤起孩子当小学生的自豪感。家长可以和孩子回忆自己上学的情况，让孩子看看邻居小学生的记分册、评价手册、奖状等，并进行激励。还可以提前带着孩子去新学校熟悉一下即将学习和生活的新环境。

3. 学习上的准备

要增强孩子的任务和规则意识。家长可在家里对孩子进行“模拟常规训练游戏”，如上学带齐学习用具，准时到校；听到铃声响走进教室，坐在自己的座位上，把书包放进课桌；老师来到教室时，起立向老师问好；等等。在大班阶段，幼儿园教师会经常有意识地布置一些口头任务，如让幼儿做一些材料准备或资料的收集等，并引导幼儿用写画结合的方法记录。家长应积极配合，帮助孩子养成良好的学习习惯，同时还可以增加阅读量，通过多种渠道让孩子了解文字的用途，对文字产生兴趣。

4. 物质上的准备

为孩子购置必需的学习用品。家长要把孩子入学当成家庭的大喜事，长辈们要对孩子表示祝贺，说一些鼓励的话，赠送一点精美的小礼物，如书籍、文具盒、闹钟等。家长最好亲自带孩子到文具店去选购实用的学习用品，要注意避免学习用品太花哨而分散了孩子的注意力。送孩子入学的当天，家长要说一些祝福、鼓励的话，让孩子体验到上学的愉快，信心满满地走进庄严的学校大门。

家长要牢记，入学准备是一个长期的过程，也是系统的工作，需要家园密切配合，良性互动，把幼小衔接贯穿于幼儿一日生活之中。

（郑晓云/文）

家长如何理解与运用《指南》中的年龄目标？

家长困惑

《指南》的颁布不仅对幼教工作者来说是一盏指路明灯，对于幼儿家长来说也是实施教育过程中不可或缺的必读书。可以说，它是一本“成长册”、一本“备忘录”、一本“经验集”。教师在与家长的交流中发现有的家长兴奋地说道：“太好了，我能针对《指南》中的参考目标，来考考我的孩子了。”有的家长则提出疑问：“孩子这么小，他们哪里懂得要自尊自强？”许多家长对于如何才能正确理解并合理利用《指南》感到困惑。

家教剪影

某大班班级微信群里，依依妈妈发出了帖子：“我们班有没有哪个小朋友想学习英语的？我已联系好一个外教，但要四人才能成班。有兴趣的请及时联系，我们让孩子结伴学习哦。”随后，家长们纷纷跟帖询问，有的问外教是否来自以英语为母语的国家，有的问以什么形式学，有

的问每周学几次，安排在什么时间段。短短一天的时间，大家抱着“培养兴趣”和“为以后学习打基础”的态度，纷纷留帖报名，报名人数竟多达十几人。

连线《指南》

随着生活水平的日益提高，许多家长对学前儿童教育的重视程度也不断提高。如择校问题，大多数家长在孩子一出生就纳入了重点考虑范畴。我们发现，虽然家长的重视程度提高了，但是受应试教育的影响和社会上各类商业性宣传的误导，普遍缺乏正确的教育观念和科学的教育方法。许多家长为幼儿报了多个兴趣班，牺牲了幼儿快乐的生活，盲目追求“赢在起跑线上”，让幼儿提前学习、超前教育。这些不符合幼儿年龄特点和学习方式的教育，不仅让幼儿“伤”在了起跑线上，也严重干扰了幼儿园的办园方向和正常的教育教学秩序。《指南》的先进教育理念通俗易懂，内容简洁明确，方法易于操作，教育建议也比较多地照顾了家庭教育。因此，《指南》能够让家长获得许多关于幼儿教育的知识和方法。《指南》的出台，为广大家长科学育儿提供了权威性的参考和指导，对切实转变广大家长的教育观念，提高科学育儿能力，创设有利于幼儿健康成长的良好社会环境具有重要的现实意义。

《指南》分别对3～4岁、4～5岁、5～6岁三个年龄段末期幼儿应该知道什么、能做什么以及大致可以达到什么发展水平，提出了合理期望。同时，根据幼儿的学习与发展目标，针对当前学前教育普遍存在的困惑和误区，列举了一些能够有效帮助和促进幼儿学习与发展的教育途径与方法，同时也指出了错误做法对幼儿终身发展的危害，为广大家长和幼儿园教师提供了具体、可操作的指导与教育建议。可以说，贯彻落实《指南》是普及科学育儿知识，防止和克服“小学化”倾向的有效手段。

专家支招

《指南》中的参考目标都非常具体，提供的“教育建议”也具有可操作性。那么，家长应如何理解与运用《指南》中的年龄目标，促进孩子发展呢？

1. 把《指南》作为了解孩子的框架

《指南》中的内容，不要求家长死记硬背，但家长也不能一知半解。首先，家长应该熟悉和掌握《指南》的各个领域和目标。其次，每个目标下都有一些具有关键意义的典型表现，家长也应该熟悉，才能把握好方向和维度，对孩子的指导才能更具有目的性、更有意义。每个目标后面的教育建议，需要家长融会贯通，举一反三，不生搬硬套。家长应该明确，每一个孩子都是世上独一无二的个体，他们的发展速度不一样，不应该一刀切。对于《指南》中的目标和建议，家长可以遵循，也可以作为参考，还可以自己创新。

2. 关注孩子的成长过程

家长应尊重孩子的年龄特点、兴趣、爱好，要积极发现孩子的优点，接纳他们的个体差异，不与同龄小朋友作横向比较，应关注孩子学习生活中的过程体验，努力为孩子营造一个适宜发展的环境，最大限度地满足孩子通过直接感知、实际操作和亲身体验获取经验的需要。

家长应明确孩子的学习是在游戏和生活中进行的，是运用多种感官和动作进行操作和体验的，以具体事物和现象为内容的，他们在学习的过程中具有自己的学习方式和节奏。因此，在孩子学习过程中，家长应注意关注孩子是否获得了丰富的生活感受和体验、是否有独立的思考和经验积累、能否用已有经验分析解决问题、是否形成良好的学习兴趣和习惯。避免缺乏平常心，互相攀比，对孩子期望过高；不尊重孩子的兴趣和爱好，按照自己的意愿强迫孩子学习各种技能；盲目追求知识技能，要求孩子提前学习拼音、识字、算术、英语等；不愿让孩子玩沙、玩水、拆拆装装……担心不安全、不卫生；过分追求学习结果，让孩子死记硬背，以为会的越多越好。只有避免这些做法，才能避免幼儿时期的学习“小学化”，真正遵循孩子的特点，引导孩子快乐学习与体验，逐步提高能力。

3. 注重学习品质的有机渗透

《指南》中强调：“忽视幼儿学习品质培养，单纯追求知识技能学习的做法是短视而有害的。”可以说，重视幼儿学习品质的培养是世界幼教发展的潮流。家长应注意的是，学习品质不是通过鼓励就能形成的，更不可能脱离具体学习内容孤立形成。它是在五大领域的具体学习活动中表现出来的，是在幼儿的生活、游戏活动中显露出来的。因此，家长在培养孩子学习品质时，应在孩子的实际生活、游戏中有机渗透，切忌脱离具体的、鲜活的学习活动，进行所谓专项训练，如“注意力训练”“坚持性训练”“创造性训练”等，这些是没有什么意义的，是违背幼儿学习品质形成规律的。

（欧阳毅红/文）

家长如何有效地对孩子开展性教育？

家长困惑

幼儿性教育是家长既关注又忌讳的事，他们认为孩子过早接触性知识可能会导致过早地进行性行为的尝试。然而，近些年“幼童遭遇性侵犯”的新闻又让家长们甚为担忧。那么父母应如何有效地对孩子开展性教育，并引导孩子保护自己的隐私部位呢？

家教剪影

源源今年就读幼儿园小班，在家总是对“小鸡鸡”这样的话题很感兴趣，每次洗澡前脱完衣服总要兴奋地裸着身体在家里跑一圈。这天，睡在隔壁床的丽丽回家告诉妈妈：最近午睡的时候，源源总趁阿姨不注意，钻到我的被窝里把我的裤子脱下来，然后笑我“羞羞脸”，我告诉他不要脱我的裤子，可是他总是不听。丽丽妈妈把这事告诉了源源妈妈，源源妈妈很苦恼。

连线《指南》

《指南》中指出：“幼儿阶段是儿童身体发育和机能发展极为迅速的时期，也是形成安全感和乐观态度的重要阶段”，在“基本的安全知识和自我保护能力”的“教育建议”中就点明，“告诉幼儿不允许别人触摸自己的隐私部位”。因此，从幼儿期起，给幼儿明确正确的性别角色标准，正确地对幼儿进行性教育，有利于幼儿身心健康发展，有利于幼儿自我保护意识的树立，形成健全的人格。

从幼儿3岁起就应该开始对其进行性教育，因为在这个时候，幼儿已经开始产生自我意识，对自己性别特有的生理器官产生好奇，有时会触摸、玩弄。有些家长发现这样的现象，会粗暴地制止孩子这种行为，这只会更激发起孩子的好奇心或者给孩子的心理留下阴影。其实，孩子从出生那一刻起，便会接受到男孩、女孩身体构造不同以及母亲哺乳、穿衣打扮、取名字等有关性的自然差别和文化信息。在孩子的成长过程中，网络、影视剧、文学作品等媒介也会传播涉及性的文化。对待孩子的性教育，不需要过于担心，只要正确引导，就可以帮孩子轻松快乐地度过“性蕾期”。

专家支招

家长要以科学的眼光看待孩子性教育，并把握以下几个要点：

1. 掌握好性教育的时机

5岁前是幼儿进行“性探索”和创造“性理论”的时期，幼儿自然会注意到男性与女性生理上的差异，并由此开始进行“性探索”。当孩子提出与性有关的话题或做出与性有关的行为时，家长不必惊慌或生气，更不可以训斥或掩饰，而应抓住机会大大方方地用孩子能够理解的话语来引导他们。

2. 坚持正面引导教育的原则

当孩子问父母诸如“我是从哪里来的?”“为什么男孩子站着小便，女孩子蹲着小便?”等问题时，家长们一定要给予正确的解释。在孩子 5 岁以前，家长可以利用与孩子一起洗澡的机会，让孩子在极其自然的情况下，了解男女两性的生理特征，消除对两性差异的神秘感。如果孩子继续追问，而家长一时找不到合适的答案，可以这样告诉孩子：“这是一个科学问题，你现在还小，一下子明白不了，等你再长大一些，再告诉你。”家长说这些话时，要注意神情、语气自然而大方，不要让孩子感到有隐秘、羞耻的色彩，否则会引起孩子对性过分好奇。在日常生活中，家长还可以采用聊天、亲子阅读儿童性教育书籍等方式，对孩子进行性教育，自然地解答孩子的各种性疑惑。

3. 树立正确的性别角色意识

5 岁以前是儿童身份的确立和性角色的培养时期。家长要有意识引导孩子进行符合他自己性别的身份体验，如取名字、穿衣服打扮、买玩具、玩游戏等都是引导孩子体验的好机会。如果一个孩子喜欢持续穿戴异性的衣物，经常表现出异性的仪表、声调，就需要家长采取措施改变孩子的行为举止。

4. 教育孩子保护自己的隐私部位

树立孩子的安全意识，教育孩子不随便暴露隐私部位，保护好自己的隐私部位。当发现孩子有不当触摸身体的行为及举动时，应采用多种方式予以纠正，可以向其说明原因，“有礼貌的孩子，是不会随便把裙子掀起来，也不会乱摸身体的”，或者安排有趣的活动转移孩子的注意力。此外，要结合日常生活让孩子学会区分好的身体接触和不好的身体接触，告诉孩子遭遇不好的身体接触时要立刻想办法离开，并告诉父母或老师，向他们寻求帮助。

（李　馨/文）

孩子爱模仿暴力行为怎么办?

家长困惑

丰富多样的动画片让孩子从中获取了各种信息，但部分动画片画面中的暴力行为和丑陋现象同时也给孩子带来了负面影响。此外，孩子作为生活中的个体，也难免接触到生活中的一些暴力行为。面对孩子爱模仿的天性，家长应该如何正确引导呢?

家教剪影

年仅 5 岁的男孩小咖在小区里知名度甚高，不是因为他长得帅，而是因为他的“暴力”。

每逢家里来了客人，一进他家，他上来就给人家一拳——“怪兽，打死你!”在小区的公共环境里玩，小咖经常对别的小朋友拳打脚踢，嘴里还喊着“去死吧”。有一次青青的妈妈见他抢青青的玩具还推倒了青青，忍不住训他：“你这孩子怎么这样啊?!”他居然转身将一旁正在清扫垃圾的保洁员手中的笤帚一把夺过，朝青青妈妈打过来，嘴里还嚷着：“看我怎么收拾你!”他奶奶拦住了他，他还不肯停下来，大声嚷嚷道：“等我长大了，我买炸药，炸死你全家!”

久而久之，小咖没有了玩伴。他总是拿着他的各种“武器”，一个人不知疲倦地“冲啊”“杀啊”。他奶奶无奈地说：“小咖在家就爱看动画片，《奥特曼》《熊出没》等都喜欢看，特别喜欢模仿里面‘刺激’的语言和动作，慢慢地，就变成现在这样了。”

连线《指南》

《指南》中提出：幼儿社会性的学习与发展是在人际交往和社会环境的相互作用中进行的，家庭和幼儿园的生活、同伴间的游戏、社区环境与文化、大众传媒等都是幼儿社会学习的影响源。

在人际交往和社会适应过程中，幼儿社会学习的基本方式之一就是模仿，模仿的对象可以是现实生活中的真人真事，也可以是电视、图书、故事中的虚构现象。因此，家长应当注意通过良好的环境、自身规范的行为等，正面地影响和感染孩子。此外，幼儿对于信息的辨别和筛选能力是比较弱的，无法像成人一样去分辨是非。幼儿若长期或大量接触卡通中的打斗画面或生活中的一些暴力行为，潜移默化中很容易混淆虚拟和现实，不仅不利于自身身心发展，而且还会伤害他人。

专家支招

1. 对待孩子喜欢看动画片的事实，家长宜疏不宜堵

首先，选择适宜的动画题材。家长在帮助孩子选择动画片时应注意其规范性，选择内容健康的内容，杜绝具有暴力打斗画面的题材，如选择《巧虎》

《智慧树》等学习益智类动画片，这类动画片不乏趣味性，同时动画中较少出现打斗和暴力画面。3～4岁是幼儿语言发展的关键期，开始能理解动画的内容，家长可以选择对话简单易懂、人物形象生动可爱、性格鲜明的动画片。5～6岁幼儿好学好问，有一定的抽象思维能力，家长可以选择教育性和科普性较强的动画片，并引导孩子根据动画的情节展开后续的联想。

其次，孩子观看动画片前后，家长应注意引导。第一，可以同孩子一起制定规则。由于孩子的自控力和约束力不够，需要大人适当进行引导和管束。所以，跟孩子一起商定看动画片的规则就很重要，如商定好每一次观看的时间，看动画片时要自然坐好，等等。第二，家长可以和孩子一起收看、评论动画片。对于片中的正面人物和事件要引导孩子加以学习。对于片中一些打斗、暴力画面应与孩子一起分析："他们这样做对吗?""有没有不让大家受伤害的解决方法?"总之，要经常保持同孩子的思想沟通和情感交流，使动画片真正成为幼儿的良师益友。

2. 对待孩子模仿暴力行为的现象，家长应从长计议

首先，净化孩子的成长环境。成长环境对于孩子的影响是极其重要的，家长要为孩子的健康成长创设良好环境，让孩子远离丑陋现象、暴力行为。家长自身要树立模范形象，以和谐、礼貌、宽容等好品质影响孩子。在日常生活中，孩子所到之处，所见之事，家长要尽量杜绝或减少暴力模仿源，如减少孩子与有不良嗜好和习惯的人群过长过密的接触，少看或不看具有暴力、丑陋画面的影片等，从源头上遏止孩子的不良行为。

其次，提高孩子辨别是非的能力。家长要帮助孩子明白什么是好的、值得模仿，什么是不好的、不应该去模仿，要经常留心观察，对孩子的一些不健康的模仿行为要及时纠正和制止，并告诉孩子不能模仿的原因和道理。家长在与孩子的互动中，首先通过孩子能理解接受的方式，让孩子知道自己行为的不适宜性，提高自己辨别是非的能力，然后再积极引导，这样才能从根本上制止不健康的模仿行为。

（罗桂香/文）

如何在“听话”和“个性”之间寻找一个平衡点？

家长困惑

一些家长认为孩子应该“听话”，而有些家长觉得孩子个性发展也是必要的。然而，该如何在要求孩子“听话”和尊重孩子“个性”之间寻找一个平衡点，促进孩子身心健康发展呢？不少家长感到困惑。

家教剪影

乐乐的妈妈是一位中学老师，她对乐乐要求一向严格，给乐乐制定了很多规矩，只要稍有越界，就严厉批评。好在乐乐从小乖巧听话，不爱吵闹，总是静静地做自己的事，为此乐乐妈妈常常得意地向同事炫耀自己的孩子很听话。可是当乐乐上幼儿园后，老师却发现他和周围的环境格格不入，显得特别胆小、紧张，下课哪里也不去，就静静坐在椅子上。有一天早上，老师带小朋友到户外活动去了，迟来的乐乐到了班级，发现没人，就一动不动呆呆地站了半小时。

连线《指南》

根据《指南》精神，幼儿期是个性初具雏形的时期，这一时期形成的对人对事对己的态度，逐渐发展出的个性品质和行为风格，不仅直接影响幼儿童年生活的快乐与幸福感，影响幼儿身心健康以及知识、能力和智慧的形成，更可能影响幼儿一生的学习、工作和生活。

教育孩子听话和让孩子有充分的个性发展空间是一个问题的两个层面，是不矛盾的，关键是要处理好两者之间的关系。《指南》的“社会领域”的学习与发展内容的核心价值在于引导幼儿学会共同生活，形成和谐的社会关系，促进其“社会性不断完善并奠定健全人格基础”。教育孩子听话就是要孩子遵守我们这个社会公认的道德行为准则，是让孩子在个体与人的交往中，与社会环境的相互作用中，学习如何保持平衡与和谐，逐步接受所在社会群体的生活方式、行为规范和价值观，是属于“德”的范畴，这一点是带有某种强制性因素的。也就是说，家长、学校、社会在公共道德的范畴上要强调一致，要强调孩子“听话”。而充分尊重孩子的个人兴趣和爱好，尽可能地保证他们的个性发展空间，这是属于培养孩子“能”的范畴的问题。在这一方面，家长的任务是要对孩子加以合理的引导，保证孩子沿着健康的道路发展。

专家支招

要孩子“听话”不等于要孩子盲从，而应是让孩子明白事理，自觉自律，自我约束；尊重孩子个性不等于放纵孩子无理任性，而应是培养其独立自主、勇于创新的精神。要在“听话”和“个性”之间寻找一个平衡点，家长可以从以下几个方面着手：

1. 做孩子行为的观察者和引导者

意大利著名教育家蒙台梭利说过这样一段话：对成人而言，儿童的心灵是一个难解之谜。我们应该努力地探寻隐藏在儿童背后的那种可理解的原因。没有某个原因，某个动机，他就不会做任何事情。一个成人若想找到这些谜底，他必须对儿童采取一种新的态度，增强对儿童的责任感。他必须成为一个研究者，而不是一个迟钝麻木的管理者或专制的评判员，现实中成人以管理者或评判员身份对待儿童的情况实在是太多了。为此，家长要认真观察和识别孩子一些行为表现的内在动机，比如在孩子热情地投入科学探索的过程中出现的类似“破坏性”的行为，要首先给予宽容、接纳、尊重，再给以适当的引导。

2. 潜移默化地培养孩子良好的行为习惯

幼儿往往通过模仿、同化、强化、体验等方式进行社会学习。想要孩子听话，应将孩子的学习融入一日生活的各个环节，在真实情境中潜移默化地培养，避免简单说教。家长要以自身榜样示范作用来影响孩子，并积极与幼儿园老师互动，帮助孩子建立良好的亲子关系、师幼关系及同伴关系。当家长要求孩子听话前，应先向孩子解释行为规范。在提醒孩子时，要注意表情和声调，不要喊叫。要用坚定、温和的声调来对孩子说明或提出要求：“记得吗？在人多的地方讲话要小声点，才不会妨碍别人。”“记得我们今天上街是要给奶奶买礼物，其他东西一律不买！”家长在向孩子解释规则时，应该避免预先就认定孩子不听话，例如：“你要我说几百次，才会听话！”这会让孩子更加任性和固执。

3. 平等尊重促幼儿良好个性发展

懂爱的家长会把孩子当作一个大人，有事和孩子一起商量，能站在孩子的立场了解孩子的需求。当孩子有一个好的想法时，家长应及时地给予肯定和鼓励，这会增强孩子的自信心，以后孩子的想法会越来越多。家长还要懂得真正关注孩子，多为孩子提供做自己感兴趣的事情的时间和空间，并及时给予情感上的支持和认同。如：孩子正在专心做一件事情，妈妈在一旁看着他做。当他特别有成就的时候，一般会回头看妈妈一眼，如果他发现妈妈正在用眼神跟他交流，笑一笑或点点头，孩子的内心就会获得极大的满足。当孩子在专注地做事时，不要随便去打扰他们。有时家长可能会想，孩子会不会饿了，会不会渴了，就会在孩子做事的时候给孩子送吃的、送喝的，或看到孩子出现问题，未等孩子发出邀请就忍不住插手干预。虽然家长是出于好意，却打断了孩子的注意力，可能导致孩子做事半途而废或产生依赖心理，不利于专一性、坚持性的培养。

总之，如果家长对孩子的教育张弛有度，在要求孩子遵守行为规范时，能以平等尊重为前提，了解孩子社会学习的方式，运用科学的指导策略，而非以简单粗暴的手段强迫孩子听话，那么让孩子“听话”和尊重孩子“个性”发展之间就不会矛盾对立，而能形成相辅相成和谐发展的关系。

（郑晓云/文）